Die Verkaufsstrategien erfolgreicher Online-Händler

Verbessern Sie Ihr Online Business, um 500% Mithilfe spezieller Insider Taktiken! Atemberaubende Verkaufs Prinzipien! Herausragende Methoden! Spezielle Techniken!

Die Informationen in diesem Werk spiegeln die Sicht des Autors zum Zeitpunkt der Veröffentlichung dar. Bitte beachten Sie, dass sich gerade im Internet die Bedingungen ändern können.

Sämtliche Angaben und Anschriften wurden sorgfältig und nach bestem Wissen und Gewissen ermittelt. Trotzdem kann von Autor und Verlag keine Haftung übernommen werden, da (Wirtschafts-) Daten in dieser schnelllebigen Zeit ständig Veränderungen ausgesetzt sind. Insbesondere muss darauf hingewiesen werden, dass sämtliche Anbieter für ihre Angebote selbst verantwortlich sind. Eine Haftung für fremde Angebote ist ausgeschlossen. Gegebenenfalls ist eine Beratung bei einem jeweiligen Berater angeraten.

„Die Verkaufsstrategien erfolgreicher Online-Händler", Auflage März. 2011

Sofern wir auf externe Webseiten fremder Dritter verlinken, machen wir uns deren Inhalte nicht zu Eigen, und haften somit auch nicht für die sich naturgemäß im Internet ständig ändernden Inhalte von Webseiten fremder Anbieter. Das gilt insbesondere auch für Links, auf Softwareprogramme, deren Virenfreiheit wir trotz Überprüfung durch uns vor Aufnahme aufgrund von Updates etc. nicht garantieren können.

VERDIENST- HAFTUNGSAUSSCHLUSS

Es wurde jede Anstrengung unternommen, dieses Produkt und sein Potenzial sorgfältig darzustellen. Auch wenn das Internet eines der wenigen Bereiche ist, wo man sein Einkommen selbst bestimmen kann, gibt es dennoch keine Garantie, dass Sie mit der Anwendung dieser Techniken und dieses Materials Geld verdienen. Beispiele in diesem Text dürfen nicht als ein Verdienst-Versprechen interpretiert werden. Die Höhe des Verdienstes ist völlig abhängig von der Person, die unser Produkt, unsere Ideen und Techniken anwendet. Wir geben nicht vor, dass es sich hier um ein „Reichwerden-System" handelt.

Sämtliche Behauptungen bezüglich tatsächlicher Umsätze und Resultate können auf Verlangen belegt werden. Der Grad Ihres Erfolgs, die Ergebnisse in unserem Material zu erreichen, ist abhängig von Ihrem Zeiteinsatz, Ihren finanziellen Möglichkeiten, Ihrem Wissen und verschiedenen Fertigkeiten, die Sie besitzen. Da diese Faktoren individuell verschieden sind, können wir Ihren Erfolg oder Ihre Einkommenshöhe nicht garantieren. Noch sind wir für irgendwelche Ihrer Handlungen verantwortlich.

Sämtliche Prognosen in diesen oder weiteren Verkaufstexten

beabsichtigen, unsere Meinung zum möglichen Einkommenspotenzial zum Ausdruck zu bringen. Viele Faktoren tragen zu Ihren persönlichen Resultaten bei, daher können keine Zusagen gemacht werden, dass Sie unsere Resultate oder die von anderen Personen erreichen werden. Es kann keine Zusicherung gemacht werden, dass Sie durch unsere Vorschläge und Techniken überhaupt Resultate erzielen.

Inhaltsangabe

Multiplizieren Sie Ihre Marketing- und Werbebemühungen im Internet....5

Forschen Sie in Newsgroups und Diskussionsforen nach Ihrem Unternehmen..6

Bieten Sie Ihren Besuchern gratis Content...9

Geben Sie Besuchern freien Zugang zu Wettbewerben oder Gewinnspielen...10

Vermarkten Sie Ihre Website eher wie einen frei zugänglichen Club als wie eine Website..13

Bahnbrechende Verkaufsideen..15

Machen aus Ihrem Verkaufstext eine Geschichte oder einen Bericht....22

Absolute Blockbuster Cash Geheimnisse...26

Fügen Sie Ihrer Website eine gratis Linkseite hinzu...............................29

Die richtige Online-Werbe-Strategie...35

Andere Faktoren, die auch verkaufsfördernd sind..................................40

Suggestion Taktiken der Superlative..43

Professionelle Überzeugungs Künste...51

Methodische Kaufanreize...59

Die richtig smarten Profit-Einsichten..68

Verwenden Sie das Wort "NEU" in Ihrer Werbung..................................76

Multiplizieren Sie Ihre Marketing- und Werbebemühungen im Internet

Sie erreichen dies durch ein Partnerprogramm, durch virales Marketing oder beides gleichzeitig.

Zum Beispiel könnten Sie ein Affiliateprogramm einrichten und Ihren Partnern individuelle Ebooks anbieten, die deren eigene Affiliate-Links enthalten.

Erhöhen Sie die Quote der Besucher, die Ihr Produkt kaufen.

Sie könnten beispielsweise Ihre Schlagzeile ändern, eine stärkere Garantie gewähren, Kundenaussagen veröffentlichen usw.

In einer Woche könnte Ihre Überschrift lauten:

"Wie Sie 5 Pfund in 2 Tagen verlieren!"

Und in der nächsten Woche verwenden Sie:

„Verlieren Sie 5 Pfund in nur 48 Stunden!"

So sehen Sie, welche Schlagzeile besser konvertiert.

Finden Sie durch einen Gratis-Newsletter heraus, was Ihre stärksten Argumente sind, Ihre Produkte zu kaufen.

Besucher, die interessiert sind, tragen sich für den Newsletterbezug, in Ihren Newsletter Verteiler gratis hier ein.

Wenn Sie einmal deren Emailadresse haben, können Sie ihnen immer wieder ähnliche Produkte anbieten.

Stellen Sie nur sicher, dass Sie genug interessanten und einzigartigen Content haben, um das Interesse Ihrer Leser wach zu halten.

Holen Sie Ihre Mitbewerber mit ins Boot, indem Sie einen Verband für Ihre spezielle Nische gründen.

Das kann zu einer profitablen Partnerschaft führen.

Sie könnten Ihre Mitglieder mit graphischen Links versorgen, die sie auf deren Homepages platzieren.

So etwas erhöht Ihr geschäftliches Ansehen.

Geben Sie einen Mitarbeiter-Newsletter heraus.

Das könnte sie motivieren, einen besseren Job zu machen, oder hält sie auf dem Laufenden, wohin Ihr Unternehmen steuert.

In dieser elektronischen Mitarbeiterzeitung können Sie Artikel veröffentlichen über freundlichen Kundendienst, höhere Produktivität, gute Beziehungen zu Kollegen, Mitarbeitervorstellungen usw.

Forschen Sie in Newsgroups und Diskussionsforen nach Ihrem Unternehmen

Manche Kommentare, die Sie dort finden, sind hilfreich, Ihr Geschäft besser zu machen.

Wenn Sie von Klagen lesen über Ihren Kundendienst, einen bestimmten Mitarbeiter, das Design Ihrer Website oder Produktmängel usw., dann wissen Sie, wo Sie ansetzen müssen, um besser zu werden.

Machen Sie es anderen Webmastern schmackhaft, auf Ihre Seite zu verlinken.

Sie könnten ihnen notfalls einen Preisnachlass auf Ihre Produkte geben oder das eine oder andere gratis hergeben.

Beispiel:

"Sie erhalten ansehnliche 33% Rabatt auf unser E-Book, wenn Sie damit einverstanden sind, auf unsere Website mindestens einen Monat lang zu verlinken.

Bauen Sie sich eine eigene Liste auf, indem Sie Ihren Besuchern einen guten Grund geben, die Emailadresse preiszugeben.

Erlauben Sie ihnen, Gratis-Artikel zu bestellen oder an kostenlosen Gewinnspielen teilzunehmen.

Lassen Sie sich auf alle Fälle durch Doppel-Optin bestätigen, dass Sie ihnen in Zukunft Mails zusenden dürfen.

Beispiel:

„Tragen Sie sich ein, um einen Fernseher zu gewinnen!"

Erstellen Sie eine "PR-Seite" für Ihr Unternehmen.

Listen Sie darin alle Informationen auf, die berichtens wert sind für andere Newsletter, Zeitungen, Magazine usw.

Es gibt viele Möglichkeiten, Publicity in den Medien zu bekommen wie z.B. ein ungewöhnliches Produkt herausbringen, für wohltätige Zwecke spenden, Events veranstalten etc.

Verleihen Sie Ihrem Unternehmen und Produkt mehr Glaubwürdigkeit, indem Sie auf Websites verlinken, die positiv über Ihr Geschäft bzw. Ihr Angebot berichtet haben.

Sie können darauf auch in Ihrem Werbetext verlinken.

Beispiel:

„Lesen Sie, was auch das (NAME) Magazin über unser neuestes EBook schreibt!"

Geben Sie den Leuten etwas dazu, wenn sie sich für Ihren Newsletter eintragen.

Fast jeder hat heutzutage einen Newsletter, daher ist es wichtig, etwas extra zu geben.

Idee:

Sie könnten jede Woche unter allen Neuanmeldern eine Verlosung durchführen.

Beispiel:

"Wenn Sie sich für unseren Newsletter eintragen, nehmen Sie an der Wochenverlosung von 10 XY teil, zu der nur die neuen Abonnenten zugelassen sind."

Bieten Sie Ihren Besuchern gratis Content

Dieser ist umso interessanter für jene, wenn er aktuell oder original ist und nirgendwo anders gelesen werden kann.

Sie können den Besuchern auch anbieten, Ihren Content in deren Newslettern oder auf deren Websites zu veröffentlichen (aber mit Backlink zu Ihrer Seite).

Falls Ihr Content einzigartig ist, können Sie im Titel "Exklusiv" oder "Erstveröffentlichung" verwenden.

Bieten Sie auch ein kostenloses Online-Verzeichnis an.

Dieses Verzeichnis könnte voll sein mit Hinweisen zu Ebooks, Newslettern, Webseiten usw.

Wenn die User Ihr Verzeichnis interessant und nützlich finden, kommen Sie immer wieder auf Ihre Seite zurück.

Sie könnten auch aus dem gesamten Verzeichnis ein EBook machen und erlauben, dass es verschenkt wird, wodurch sich Ihr Impressum mit dem Link zu Ihrer Website verbreiten würde.

Schenken Sie Ihren Besuchern ein gratis EBook.

Sie sollten darin Werbung in eigener Sache untergebracht haben.

Wenn Sie keine Zeit haben, ein eigenes EBook zu schreiben, können Sie die Erlaubnis von anderen Autoren einholen, deren Fachartikel zu verwenden.

Dazu geben Sie in der Regel ihr Einverständnis, wenn die Quellenangaben gemacht werden.

Halten Sie kostenlose Online-Seminare ab.

Sie könnten z.B. im Chat-Room Ihrer Website stattfinden.

Das Angebot von Live-Information wird mit Sicherheit Besucher auf Ihre Seite locken.

So werden Sie als Experte eines bestimmten Themengebietes bekannt.

Sie könnten diese Veranstaltungen wöchentlich oder monatlich ansetzen, so dass Sie wiederkehrende Besucher bekommen.

Geben Sie Besuchern freien Zugang zu Wettbewerben oder Gewinnspielen

Die Preise sollten interessant oder von Wert für Ihre Besucher sein.

Die meisten Besucher werden Ihre Website wieder besuchen, um das Ergebnis zu erfahren.

Wenn Ihre Zielgruppe zum Beispiel Geschäftsinhaber sind, dann sollten Ihre Preise Computer, Ebooks, Business Services usw. sein.

Lassen Sie Besucher kostenlose Software downloaden.

Das könnte Freeware, Shareware, Demos etc. sein.

Sie könnten auch einen Teil Ihrer Website in ein kostenloses Software Verzeichnis verwandeln.

Wenn Sie Software erstellt haben, integrieren Sie Ihre Werbung und lassen Sie sie auch andere Webmaster verschenken.

Sie könnten ihnen auch erlauben, als Service für deren Besucher auf Ihr kostenloses Software Verzeichnis zu verlinken.

Bieten Sie auf Ihrer Website kostenlose Online-Services an.

Dies könnten Suchmaschinen-Eintragung, Werbebrief-Erstellung, Korrekturlesen u.a. sein.

Die Dienstleistung sollte nicht nur hilfreich sein, sondern auch einen Bezug zu Ihrer Zielgruppe haben.

Wenn Ihre Zielgruppe z.B. EBook-Herausgeber sind, könnten Sie Gratis-Cover-Designs anbieten.

Geben Sie Besuchern Ihrer Seite kostenlose Beratung.

Sie können Ihr Wissen per Email oder Telefon weitergeben.
Die Leute werden dies überaus zu schätzen wissen, denn Beratergebühren können sehr teuer sein.

Sie könnten auch ein Produkt kreieren, indem Sie Anleitungen auf Video aufnehmen und zu einem moderaten Preis verkaufen.

Gewähren Sie Besuchern eine Gratis-Mitgliedschaft in Ihrem Online-Club.

Leute gehören gerne Vereinigungen an, warum nicht Ihrem Online-Club?

Sie könnten auch einen kostenlosen Newsletter herausgeben, der nur für Mitglieder ist.

Geld könnten Sie mit einer Deluxe-Mitgliedschaft gegen eine regelmäßige Monatsgebühr machen.

Überzeugen Sie Besucher und Webmaster, auf Ihre Seite zu verlinken.

Gegen Sie Ihnen als Anreiz etwas Kostenloses wie Content, Software, Ebooks usw.

Sie könnten das Kostenlose dadurch wertvoller machen, indem Sie erlauben, deren eigene Links einzufügen.

Verlinken Sie auf Websites, die nützliche Informationen oder Dienstleistungen enthalten.

Wenn Sie sehr viele solcher nützlichen Links haben, könnten die User Ihre Seite auch zur Startseite machen.

Würden Sie nicht auch gern auf eine Webseite gehen, auf der Sie alle Links finden, die Sie mögen und brauchen?

Verwenden Sie in Ihren Beschreibungen viele Adjektive.

Das gibt Ihren Besuchern eine klarere Vorstellung von dem, was Sie ihnen beschreiben.

Wenn Sie beispielsweise ein Software Programm beschreiben, könnten Sie sagen:

„Diese einfach zu handhabende Software führt Sie leicht durch den gesamten Setup-Prozess."

Lassen Sie Ihre Banneranzeigen nicht wie Anzeigen aussehen.
Die meisten User ignorieren Banner.

Gestalten Sie das Design so, dass es wie Content aussieht, damit die Leute drauf klicken, um den Rest zu lesen.

Beispiel:

'"Wie Sie Ihre Verkäufe um 200% steigern' von Larry Dotson.

Lesen Sie HIER mehr!"

Melden Sie sich bei Partnerprogrammen an, die zur Thematik Ihrer Website passen.

Andernfalls verschwenden Sie wertvollen Platz und kostbare Zeit, weil Ihre Besucher nicht interessiert sind.

Wenn Ihr Zielpublikum z.B. Softballspieler sind, dann sollten Sie Affiliate Programme nehmen, die Softballschläger, Softbälle, Trikots, Magazine usw. behandeln.

Vermarkten Sie Ihre Website eher wie einen frei zugänglichen Club als wie eine Website.

Das erhöht die Zahl Ihrer wiederkehrenden Besucher und damit der Verkäufe, denn die Menschen gehören gerne Gruppen an.

Sie könnten ein Forum haben, einen Blog, könnten Mitglieds-IDs ausgeben.

Vergeben Sie auch Mitglieds-Logos, die sie auf ihren eigenen Seiten einbinden können.

Kommunizieren Sie regelmäßig mit Ihren Online-Kunden.

Das zeigt ihnen, dass Sie sich um sie kümmern.

Dazu können Sie einen Chat Room, ein Forum oder ein Online Message System verwenden.

Interessieren Sie sich immer dafür, was die Leute zu sagen haben, beantworten Sie ihre Fragen, machen Sie Komplimente, nehmen Sie sich auch die Zeit über anderes als nur Geschäftliches zu reden. Usw.

Überprüfen Sie Ihre Website regelmäßig.

Wenn Besucher auf einen Link klicken und er nicht funktioniert, können Sie enttäuscht oder verärgert werden und klicken vielleicht auch auf andere Links nicht mehr.

Würden Sie eine Website wieder besuchen, nachdem Sie dort zwei Links, die Sie sehr interessierten, anklickten, die aber tot waren?

Sie würden eine solche Seite wahrscheinlich nicht einmal bookmarken.

Verschaffen Sie Ihren Besuchern eine positive Erfahrung, wenn sie sich auf Ihrer Website aufhalten.

Stellen Sie originellen Content zur Verfügung und kostenlose Dinge.

Sie werden ihren Freunden davon erzählen.

Wenn Sie ein Partnerprogramm anbieten, werden Sie erst recht ihren Freunden von Ihrem Angebot berichten.

Vergüten Sie pro Verkauf, pro Lead oder pro Klick.

Teilen Sie sich Kunden mit Geschäften, die die gleiche oder eine ähnliche Zielgruppe haben.

Bieten Sie deren Produkte auf Ihrer Seite an und umgekehrt.

Wenn Sie beispielsweise Spielsachen verkaufen, könnten Sie Cross-Selling mit jemand machen, der Kinderkleidung anbietet.

Sie beide haben das gleiche Publikum.

Bahnbrechende Verkaufsideen

Gestalten Sie Banneranzeigen, die animiert sind und die eine Klickaufforderung enthalten.

Sie müssen die Aufmerksamkeit der Leute erregen und sie dazu bringen zu klicken.

Zum Beispiel könnten Sie blinkende Lichter verwenden wie in Las Vegas.

Und fordern Sie ausdrücklich zum Klicken auf beispielsweise mit „Klicken Sie hier!" oder „Klicken Sie, um mehr zu erfahren".

Verwenden Sie Popup Fenster auf Ihrer Website.

Sie erregen die Aufmerksamkeit Ihrer Besucher, weil Sie nicht zu übersehen sind.

Mit einem Popup könnten Sie die Möglichkeit bieten, sich für Ihren Gratis-Newsletter einzutragen.

Oder Sie könnten ihnen ein Überraschungsangebot machen, wenn sie in den nächsten Minuten kaufen, wobei ein Timer die verbleibende Zeit runter zählt.

Kaufen Sie sich entsprechende Bücher und Ebooks und lernen Sie daraus alle Online-Werbeideen, die es so gibt.

Machen Sie sich Notizen beim Lesen.

Legen Sie sich eine Liste mit Tipps an, die Sie auf Ihr eigenes Business anwenden könnten.

Analysieren Sie alle Ihre Werbebemühungen.

Konzentrieren Sie sich auf diejenigen, die funktionieren und lassen Sie die, die nichts bringen, sein.

Verschwenden Sie nicht Ihre wertvolle Zeit.

Wenn Sie z.B. ein Partnerprogramm haben, das seit zwei Monaten keinen Verkauf gebracht hat, lassen Sie es fallen oder testen Sie eine andere Anzeige.

Jeder Teil Ihrer Website muss in irgendeiner Form gewinnbringend verwertet werden.

Holen Sie so viel wie möglich aus Ihren Besuchern heraus.

Fordern Sie sie auf, Ihren Newsletter zu abonnieren, an Ihrem Blog teilzunehmen, Ihre Seite zu bookmarken usw.

Eines der stärksten Mittel, Leute das tun zu lassen, was Sie möchten, ist, ihnen etwas gratis zu geben oder einen unwiderstehlichen Vorteil zu verschaffen.

Beispiel: "Sie bekommen 4 kostenlose profitable Ebooks, wenn Sie sich in meinen Gratis-Newsletter eintragen!

Probieren Sie Textlinks, falls Ihre Banneranzeigen nicht genug Traffic erzeugen.

Leute ignorieren Textlinks oft weniger als Banner.

Behandeln Sie einen solchen Text link wie die Schlagzeile eines Verkaufsbriefes:

„Wie Sie..."

„Achtung! ..."

„KOSTENLOS..."

„So machen Sie..."

„Neuste Meldung: ..."

Tauschen Sie Content mit anderen Newsletter-Herausgebern oder Webmastern.

Das ist eine sehr effektive Methode, Ihre Links auf andere Websites mit ähnlicher Zielgruppe zu platzieren.

Auf diese Weise können Sie beispielsweise Fachartikel mit anderen Schreibern von Newslettern wechseln.

Das geht auch mit Gratis-Ebooks, die jeder Beteiligte weiter verschenken darf.

Sie müssen Ihr Produkt für Ihre Kunden zu jeder Zeit auf Vorrat haben.

Wenn Sie selbst erst nachbestellen müssen, könnten Kunden ihre Bestellung zurückziehen.

Bringen Sie das auf Ihrer Website zum Ausdruck durch "Stets vorrätig", „Artikel lieferbar", „Sofort-Versand" usw.

Verwenden Sie Content auf Ihrer Website, durch den Besucher leicht hindurch finden.

Die meisten haben nicht viel Zeit, deshalb sollten Sie Listen, kurze Artikel, konzentrierte Tipps usw. anbieten, z.B.:

*Wie man ....

*5 Wege für ....

*Entdecken Sie ...

Integrieren Sie auf Ihrer Website einen Chat Room oder ein Forum.

Wenn den Usern das gefällt, besuchen sie Ihre Seite wieder und beteiligen sich regelmäßig.

Wenn zum Beispiel jemand auf dem Schwarzen Brett eine Frage hinterlässt und jemand darauf antwortet, wird diese Person immer wieder kommen, wenn sie ein Problem hat.

Und der Ratgeber auch, weil er helfen möchte.

Erlauben Sie, dass Ihre Beiträge, Texte, Fachartikel auch auf anderen Websites veröffentlicht, in anderen Newslettern abgedruckt oder in Ebooks verwendet werden dürfen.

Das aber immer nur unter der Voraussetzung, dass Sie als Quelle angegeben werden und dass am Ende jedes Artikels die Nachdruckoption erwähnt wird.

Beispiel:

"Larry Dotson ist der Co-Autor von "Internet Marketing des Unterbewusstseins".

In diesem EBook erfahren 746 Gründe, warum Leute Ihre Produkte kaufen!

Besuchen Sie: http://www.subconsciousinternetmarketing.com

Sie dürfen diesen Artikel auf Ihrer Website oder in Ihrem Newsletter veröffentlichen, wenn Sie diese Quellenangabe mit abdrucken."

Erlauben Sie Kollegen, Ihre Gratisangebote als kostenlose Boni in Verbindung mit deren kostenpflichtigen Produkten oder Dienstleistungen zu verwenden.

Fügen Sie in all Ihren Gratisangeboten unbedingt Ihre Werbung ein!

Manche erlauben nur, dass ihre Gratisangebote ausschließlich kostenlos weitergegeben werden.

Sie aber sollten das nicht beschränken und die Abgabe auch als Kaufanreiz für kostenpflichtige Produkte erlauben.

Beispiel:

"Sie dürfen dieses Gratis-EBook als Bonus verschenken!"

Erlauben Sie anderen Webmastern, Ihr Diskussionsforum mitzubenutzen, denn viele haben keins.

„Sie haben kein eigenes Diskussionsforum?

Verlinken Sie auf das unsrige und laden Sie Ihre Besucher ein, es zu nutzen."

Platzieren Sie Ihren Werbebanner gut sichtbar im Forum.

Geben Sie über Ihren Server Gratis-Webseiten ab.

Als Gegenleistung für den kostenlosen Webspace dürfen Sie Ihren Webebanner im Kopfteil der Seite anbringen.

So könnten Sie dafür werben:

"Erhalten Sie 20 MB Webspace GRATIS, wenn Sie unseren kleinen Banner oben auf Ihrer Website platzieren.

Erlauben Sie, dass Links Ihrem Website Verzeichnis hinzugefügt werden dürfen.

Im Gegenzug erwarten Sie, dass die anderen Webmaster auch einen Backlink zu Ihnen setzen.

So könnten Sie formulieren:

"Verlinken Sie sich mit unserer Website, und verlinken Sie uns mit Ihrer Website."

Oder:

„Erhöhen Sie mit uns Ihre Backlinks.

Alles, was wir erwarten, ist, dass Sie uns auch verlinken."

Erlauben Sie Webmastern, die Online-Dienstleistungen, die Sie kostenlos anbieten, mit zu nutzen und deren Website-Besuchern und Newsletter-Lesern zur Verfügung zu stellen.

Das könnten Services sein wie etwa:

Gratis-Email, Gratis-Email-Beratung, Gratis-Suchmaschinen-Eintragungen und vieles andere.

Werben Sie z.B. so dafür:

"Bieten Sie diesen Gratis-Service Ihren Besuchern an.

Es kostet Sie nur einen Backlink auf unsere Website!"

Erlauben Sie auch, gegebenenfalls Ihre Gratis-Software zu verschenken.

Bringen Sie nur vorher etwas Werbung für Ihr Business darin unter.

Zum Beispiel so:

"Diese Software wird Ihnen kostenlos zur Verfügung gestellt von (IHRE URL etc.)."

Oder:

"Diese Gratis-Software wurde erstellt von (IHRE URL etc.)."

Erlauben Sie, Ihre kostenlosen Webdesigns, Grafiken, Fonts, Templates usw. weiter zu verschenken.

Aber fügen Sie Ihre Werbung ein oder verlangen Sie, dass direkt auf Ihre Website verlinkt wird.

So können Sie z.B. zur Bedingung machen, dass ein kleiner Hinweis unter die Grafik oder am Fuß der Webpage angebracht wird in der Art von „Diese Grafiken sind von (IHRE GESCHÄFTSINFORMATIONEN)."

Oder:

„Dieses Template ist urheberrechtlich geschützt für (IHRE GESCHÄFTSINFORMATIONEN)."

Erlauben Sie Webmastern, eine Gratisanzeige in Ihrem Gratis-EBook zu schalten, falls diese bereit sind, das EBook kostenlos an deren Besucher oder Newsletter-Abonnenten weiterzugeben.

Würden Sie nicht auch etwas verschenken, von dem Sie einen Vorteil haben?

Argumentieren Sie so:

„Verschenken Sie dieses EBook und bestücken Sie es mit Ihren eigenen Links!"

Erlauben Sie nicht nur, dass andere Webmaster Ihr EBook an Besucher verschenken, sondern auch, dass die Besucher es selbst wieder weiterverschenken dürfen.

Auf diese Weise verbreitet sich Ihre Werbung über das ganze Internet.

Wenn 5 Leute es an jeweils 5 andere weitergeben, und diese 25 wieder an je 5, und diese 125 wiederum an 5, dann haben schon 755 Leute Ihre Werbung kostenlos gelesen – und es hat Ihnen kaum Arbeit gemacht.

Machen aus Ihrem Verkaufstext eine Geschichte oder einen Bericht

Das wird Ihre Besucher eher bereit machen, ihn zu lesen und sich für Ihr Produkt zu interessieren.

Beispielsweise könnten Sie so einleiten:

„Es war einmal..."

„GRATIS Report!"

"Neulich habe ich folgendes erlebt…"

Geben Sie Ihren Besuchern ein Geschenk, wenn sie eine Umfrage ausfüllen, denn sonst werden sie es kaum tun.

Umfragen bringen wertvolle Erkenntnisse über Ihr Geschäft.

Sie könnten sie etwa so locken:

„Jeder, der diese Umfrage ausfüllt, erhält gratis eine Uhr."

Oder:

„Die ersten 200, die diese einfache Umfrage ausfüllen, erhalten einen Gratis-Taschenrechner!"

Verbessern Sie die Wirksamkeit Ihres Verkaufstextes durch Interesse weckende Begriffe, farbliche Unterlegung von Schlüsselwörtern, Anführungszeichen, Fettdruck wichtiger Teile, Unterstreichungen usw.

Beispiele:

„Sofortige Gewinne",

„Verlieren Sie Gewicht",

„Sparen Sie Geld",

„Steigern Sie Ihre Verkaufszahlen" etc.

Bieten Sie Ihren Besuchern Auswahlmöglichkeiten an, damit sie nicht das Gefühl haben, gezwungen, kontrolliert oder manipuliert zu sein, sondern frei entscheiden zu können.

Lassen Sie sie selber wählen, wie sie bestellen, Kontakt aufnehmen, navigieren usw. möchten.

Beispiele:

"Wählen Sie zwischen Basis und Deluxe".

Oder:

„Bestellen Sie online, per Telefon oder per Fax."

Versetzen Sie sich selbst in die Lage Ihrer Besucher.

Gestalten Sie die Website für die Besucher, nicht für Sie selber.

Erstellen Sie ein Produkt nach den Bedürfnissen der Interessenten und nicht, weil Sie es selbst kaufen würden.

Wenn Sie zum Beispiel an Leute verkaufen, die befürchten zahlungsunfähig zu werden, überlegen, wie sie fühlen.

Sie möchten Insolvenz vermeiden, Sie sind es leid, sich nichts mehr leisten zu können, sie wollen, dass Gläubiger nicht mehr anrufen oder schreiben. Usw.

Holen Sie sich Rat von erfolgreichen Geschäftsleuten.

Beteiligen Sie sich aktiv in Chat-Rooms, Foren und Blogs. Beginnen Sie Unterhaltungen.

Lesen Sie deren hilfreiche Informationen, stellen Sie Fragen und bekommen Sie Antworten.

Sie können auch anderer Leute Fragen versuchen zu beantworten und sich so weiterentwickeln.

Verwenden Sie Ihre Boni und Zugaben, um bei Ihren Besuchern ein Gefühl der Dringlichkeit zum Kauf zu erzeugen.

Offerieren Sie ihnen Ihr Hauptprodukt nur für eine begrenzte Zeit. Beispiel:

„Bestellen Sie heute bevor Mitternacht und Sie erhalten 4 Boni GRATIS!"

Oder:

„Bestellen Sie bis zum 25. Juni und Sie bekommen obendrein kostenlos das Ebook XY.

Bieten Sie Ihren Kunden zusätzliche Artikel an, die zu dem gerade gekauften Artikel passen.

Wenn jemand beispielsweise ein elektronisches Spielzeug gekauft hat, dann versuchen Sie, auch die dazu benötigten Batterien mit zu verkaufen:

„Klicken Sie hier, um 4 Batterien für nur 2,95 € mit zu bestellen:"

Oder:

"Klicken Sie hier, um auf die Deluxe Version für nur 10€ extra upzugraden."

Lassen Sie Ihre Besucher sich gut fühlen, indem Sie Ihnen Komplimente machen.

Wenn sie sich gut fühlen, fühlen sie sich wahrscheinlich auch gut, bei Ihnen auf Ihrer Website einzukaufen.

Beispiel: "Sie gehören zu dem einen Prozent von Menschen, denen es ernst ist, ihr Leben zu ändern."

Oder:

„Sie sind bewundernswert, weil Sie besondere Anstrengungen unternehmen, Ihre finanziellen Probleme zu lösen."

Versuchen Sie, zusätzliche Gewinne über Ihre Website zu erzielen.

Wenn Sie z.B. Ebooks über Online Business verkaufen, sollten Sie auch Dienstleistungen, Kurse und einschlägige Bedarfsartikel anbieten.

Beispiel:

"Herzlichen Dank, dass Sie sich für unser Business EBook entschieden haben.

Wenn es Ihnen gefällt, vergessen Sie nicht, dass wir auch einen monatlichen Ergänzungsdienst zu diesem Thema für nur 4,95 €/Mo. anbieten."

Absolute Blockbuster Cash Geheimnisse

Fädeln Sie mit anderen Webmastern einen so genannten Cross Promotion Deal ein. Erlauben Sie, Ihr Produkt deren Kunden zu verkaufen.

Auf der anderen Seite verkaufen Sie deren Produkt an Ihre Kunden.

Das Produkt sollte eine Beziehung haben zu Ihrem eigenen Produkt bzw. Ihrer Dienstleistung, andernfalls wird es sich sicherlich nicht so gut verkaufen.

Verkaufen Sie Ihr Produkt im Paket mit dem Produkt eines anderen Web Business.

Beide Partner können das Package bewerben und die Gewinne teilen.

Wenn Sie zum Beispiel Tennisschläger verkaufen, könnten Sie sich mit einem Tennisball-Spezialisten zusammentun.

Das ist ein Win-Win Joint Venture Deal.

Vermieten Sie Ihre Produkte für eine gewissen Zeit.

Das ist wie verkaufen, aber Sie bekommen die Produkte zurück und können sie wieder vermieten.

Auf lange Sicht können Sie mit Vermietung Ihrer Produkte oder Dienstleistung mehr Geld verdienen.

Die Leute haben heutzutage weniger Geld zur freien Verfügung und mieten deshalb lieber, als dass sie etwas kaufen und vielleicht nur einmal benutzen.

Lassen Sie Kunden Ihre Produkte abonnieren.

Das funktioniert am besten mit Informations Produkten, Dienstleistungen und Mitgliedschaften.

Die Gebühr kann wöchentlich, monatlich, vierteljährlich oder jährlich anfallen.

Auf alle Fälle bringt es Ihnen wiederkehrendes Einkommen.

Außerdem können Sie Ihren Abonnenten darüber hinaus auch einzelne Produkte anbieten.

Verleasen Sie Ihre Produkte.

Das ist wie Vermieten, aber am Ende der Leasingzeit haben die Kunden die Möglichkeit zu kaufen.

Wenn Sie zum Beispiel Computer verleasen, zahlt Ihnen der Kunde eine monatliche Gebühr.

Wenn der Leasingvertrag zu Ende geht, kann er das Gerät günstig erwerben.

Wenn er den PC aber zurückgibt, können Sie ihn wieder an jemand anders verleasen.

Fügen Sie Ihrer Website ein Message Board hinzu.

Manche Leute werden Ihre Seite besuchen, um Fragen zu stellen und um die Fragen von deren zu beantworten.

Andere nehmen nur an Message Boards teil, um ihren Link zu hinterlassen, aber auch diese können eines Tages Ihr Produkt kaufen.

Fügen Sie Ihrer Website ein Linkverzeichnis hinzu.

User werden Ihre Seite besuchen, um einschlägige Links zu finden zu dem Thema, für das sie sich interessieren.

Es spart ihnen Zeit und Mühen, nach all diesen Links selbst zu suchen.

Wenn Sie dieses Linkverzeichnis immer aktuell halten, werden die Leute zurückkommen und vielleicht auch eines Ihrer Produkte kaufen.

Fügen Sie Ihrer Website eine Artikelrubrik hinzu.

User werden Ihre Seite besuchen, um die Fachartikel zu lesen und neue Informationen zu ihrem Interessensgebiet zu erhalten.

Sie sollten Original-Content haben, damit die Leute nicht anderswohin gehen können, um ihn zu bekommen.

Sie sollten ihn auch regelmäßig updaten, so dass die Interessenten immer wieder zurückkommen.

Fügen Sie Ihrer Website ein Newsletter-Archiv hinzu.

Ihre neuen Abonnenten werden Ihre Seite besuchen, um alte Ausgaben zu lesen, welche sie verpasst haben.

Ihre alten Abonnenten werden manche Informationen oder Angebote nachlesen wollen, wo denen sie sich erinnern, dass sie sie in Ihrem Newsletter gesehen hatten.

Fügen Sie Ihrer Website ein EBook-Verzeichnis hinzu.

User werden Ihre Seite besuchen, um neue Informationen herunterzuladen und zu lesen.

Wenn Sie ein EBook-Verzeichnis anlegen, dann ein solches, das in Bezug zu Ihren Produkten steht.

Manchmal schreiben Leute selbst Ebooks und möchten sie in Ihrer Liste aufgenommen haben.

Fügen Sie Ihrer Website einen gratis Kleinanzeigenmarkt hinzu.

User werden Ihre Seite besuchen, um zu inserieren und um andere Angebote zu lesen.

Sie können sie zusätzlich motivieren, indem Sie bekannt machen, dass Sie manche Anzeigen auch in Ihrem Newsletter veröffentlichen.

Das wird dazu führen, dass sich manche User allein deswegen in Ihren Newsletter eintragen.

Und es wird dazu führen, dass User regelmäßig auf Ihre Website zurückkommen, um neue Anzeigen zu lesen.

Fügen Sie Ihrer Website eine gratis Linkseite hinzu

User werden Ihre Seite besuchen, um ihren eigenen Link einzutragen und nach den Links anderer User zu schauen.

Sie können Link-Eintragern anbieten, dass Sie deren Link einmal in Ihrem Newsletter erscheinen lassen, wenn Sie im Gegenzug Ihren Link ein oder zwei Monate auf deren Homepage platzieren dürfen.

Fügen Sie Ihrer Website ein „Über uns" hinzu.

User, die Ihre Seite besuchen, möchten gern mehr über Sie und Ihr Geschäft erfahren.

Das ist hilfreich, die Beziehung zu Ihren Interessenten und Kunden persönlicher zu machen und Sie zu Käufen zu veranlassen.

Geben Sie auch einige private Informationen über sich preis.

Fügen Sie Ihrer Website ein Gästebuch hinzu.

User werden Ihre Seite besuchen, um Ihre Meinung über Ihr Angebot und eine Signatur zu hinterlassen.

Ja, viele machen nur Eintragungen im Gästebuch, um für ihre eigene Website zu werben, aber sie können früher oder später auch zahlende Kunden werden.

Fügen Sie Ihrer Website eine kostenlose Downloadseite hinzu.

User werden Ihre Seite besuchen, um neue Software zu finden, die ihr Leben einfacher machen soll.

Die Software sollte Ihre eigene sein oder Freeware, Shareware oder Demos.

Alle Software sollte Bezug haben zu Ihrer Zielgruppe.

Zeigen Sie Ihren potenziellen Abonnenten ein Beispiel Ihres Newsletters.

Schwärzen Sie entscheidende Passagen, um sie neugieriger zu machen, so dass sie sich eintragen.

Wählen Sie als Beispiel einen wirklich klasse Tipp, von dem die Interessenten wahrscheinlich noch nicht gehört haben.

Verraten Sie ihnen, wie und wo sie Zugang zu Ihrem Newsletter-Archiv bekommen, nachdem sie abonniert haben.

Geben Sie einen Autoresponder-Kurs kostenlos ab.

Veröffentlichen Sie in jeder Lektion einen Hinweis auf Ihren Newsletter.

Je mehr Menschen ihn sehen, desto höher ist die Wahrscheinlichkeit, dass sie sich eintragen.

Ihr Newsletter muss eine Menge originalen und qualitativ hochwertigen Content enthalten, um Interessenten zu überzeugen, sich in die Liste einzutragen.

Natürlich können Sie auch in jeder Lektion eines Ihrer Verkaufsprodukte vorstellen.

Offerieren Sie Ihren potenziellen Kunden einen interessanten Preisnachlass für ein bestimmtes Produkt, falls sie Ihren Newsletter abonnieren.

Zum Beispiel könnten Sie sagen:

"Tragen Sie sich in meinen Gratis-Newsletter ein und Sie erhalten mein neuestes EBook 40% günstiger!"

Nach erfolgter Eintragung teilen Sie ihnen in der Dankeschön-Email den Link zur geheimen Bestellseite mit dem versprochenen Rabatt mit.

Geben Sie anderen Unternehmern die Erlaubnis, dass sie bei jedem Produktverkauf ein Gratis-Abo Ihres Newsletters als Bonus dazu geben dürfen.

Natürlich sollten die Produkte bzw. Dienstleistungen des Partnerunternehmens thematisch zu Ihrem Newsletter passen.

Überlegen Sie nur, wie viele Business Anbieter, Ihren Newsletter deren Kunden anbieten könnten.

Stellen Sie Ihren potenziellen Abonnenten Fragen, um sie zu veranlassen, Ihren Newsletter anzufordern.

Sie könnten z.B. fragen:

„Würden Sie gerne in Rente gehen, bevor Sie 40 sind?"

Oder:

„Gefällt Ihnen der Gedanke, von zu Hause aus zu arbeiten?"

Schreiben Sie Ihre Newsletter-Anzeigen so, dass es nach gesundem Menschenverstand klingt, Ihren Newsletter zu abonnieren.

Zum Beispiel könnten Sie sagen:

"Jeder weiß, dass man ein paar Dinge wissen muss, bevor man ein Geschäft startet."

Oder:

"Uns allen ist klar, dass Wissen ein Schlüsselfaktor ist, um ein Geschäft profitabel zu machen."

Sprechen Sie Ihre potenziellen Abonnenten situations-bezogen an.

Wenn Sie sie mit "Lieber Gesundheits-Interessent" ansprechen, dann werden sich eintragen wollen, weil sie sich gesund fühlen möchten.

Wenn Sie sie mit "Hallo Geschäftsfreund" ansprechen, dann werden sich eintragen wollen, weil sie sich als Geschäftsmann sehen möchten.

Geben Sie in jedem Ihrer Newsletter etwas gratis ab.

Das könnte ein EBook sein oder Software.

Die Abonnenten erzählen anderen davon und diese werden sich dann oft auch eintragen.

Zum Beispiel könnten Sie versprechen:

"In jeder Ausgabe unseres Newsletters geben wir einen neuen, sonst nirgendwo erhältlichen Business Report ab!"

Machen Sie den Leuten den Mund wässerig, indem Sie ihnen sagen, wie deren Familie oder Freunde reagieren würden, wenn sie Ihre Newsletter-Tipps anwenden.

Die Leute machen sich nämlich viel daraus, was andere Leute über sie denken.

Sie könnten beispielsweise argumentieren:

"Stellen Sie sich nur vor, wenn Ihre Frau zu Ihnen sagt, wie stolz sie auf Sie ist, weil Sie Ihr eigenes Geschäft gründen!"

Geben Sie den Interessenten das Gefühl, dass es deren eigene Idee ist, den Newsletter zu abonnieren, dann werden Sie weniger zögerlich sein.

Sie könnten formulieren:

„Sie treffen eine clevere Entscheidung, den Gratis-Newsletter anzufordern."

Oder:

„Danke, dass Sie solch eine clevere Wahl treffen und unseren Gratis-Newsletter abonnieren!"

Außerdem setzen Sie auf diese Weise schon voraus, dass sich der Interessent eintragen wird.

Erlauben Sie anderen Newsletter-Herausgebern oder Webmastern, Auszüge aus Ihrem Gratis-EBook wieder zu veröffentlichen.

Selbstverständlich unter der Voraussetzung, dass Sie einen Link zu Ihrer Website setzen und einen Veröffentlichungsnachweis liefern.

Wieder ein Weg, Ihr Geschäft durch ein Gratis-EBook zu vermarkten.

Machen Sie zusätzliche Gewinne dadurch, dass Sie monatliche Updates, also zuvor noch nie veröffentlichte Kapitel Ihres Gratis-EBook verkaufen.

Sie bekommen deutlich mehr Leser, weil Ihr EBook gratis ist und weil andere Webmaster es auch verbreiten dürfen.

Damit werden Ihre Anzeigen darin häufiger gesehen.

Durch den späteren Extra-Content machen Sie Extra-Profit.

Sie könnten eine bekannte Persönlichkeit auf Ihrem Banner abbilden oder erwähnen.

Die Leute werden darauf klicken, weil sie dem Prominenten trauen.

Sie könnten es etwa so formulieren:

"Auch der bekannte (NAME) hat unser Produkt gekauft.

Klicken Sie hier, um zu erfahren, warum!"

Unterteilen Sie Ihr EBook in einzelne Reporte und erlauben Sie anderen Marketern, diese als Gratiszugaben bei Kauf eines Produktes zu verwenden.

Machen Sie es aber zur Pflicht, die Quelle anzugeben und einen Link zu Ihrer Website zu setzen.

Wenn Sie möchten, können Ihnen auch erlauben, diese Reporte zu verkaufen.

Bieten Sie am Ende Ihres Verkaufstextes etwas zusätzlich gratis an.

Das erhöht den Wert des kostenpflichtigen Produktes.

Beispiel:

„Sie erhalten 7 Gratis-Boni, wenn Sie vor dem (DATUM) bestellen."

Oder:

„Wenn Sie an diesem Wochenende bestellen, bekommen Sie das EBook (TITEL) kostenlos dazu."

Die richtige Online-Werbe-Strategie

Sagen Sie Ihren Kunden, welche Art von Support sie bekommen, nachdem Sie gekauft haben.

Das könnte kostenlose Beratung sein, technischer Support, Gratis-Service usw.

Das kann manche Frage im Zusammenhang mit einem potenziellen Kauf rechtzeitig klären.

Denn manche Leute wollen keine Produkte kaufen, ohne zu wissen, ob jemand da ist um zu helfen, wenn sie Probleme haben.

Fragen Sie am Ende Ihres Verkaufstextes, warum sich der Interessent entschieden hat, nicht zu kaufen.

Das gibt Ihnen Hinweise, bessere Verkaufsbriefe zu schreiben.

Bauen Sie ein Kontaktformular oder einen Email-Link ein, damit unkompliziert geantwortet werden kann.

Auf diese Weise können Sie herausfinden, was die Leute nicht gemocht haben; das kann Ihre Garantie sein oder die Grafiken oder sonst irgendwas.

Denken Sie über Wege nach, Ihre Site oder Geschäft in die Schlagzeilen zu bringen.

Sie könnten Sponsor für einen guten Zweck werden, einen Weltrekord brechen, einen Event veranstalten etc.

Schreiben Sie eine Pressemitteilung über das, was Sie auf die Beine gestellt haben, und senden Sie sie dann an Pressedienste, die Ihre Zielgruppe bedienen.

Starten Sie einen Wettbewerb auf Ihrer Website.

Geben Sie auch anderen Websites die Möglichkeit, ihn mit anzubieten.

Das multipliziert Ihre Werbung im gesamten Internet.

Es wird sozusagen ein viraler Wettbewerb.

In diesem Fall muss er natürlich von Dauer sein oder regelmäßig veranstaltet werden.

Lassen Sie Ihre potenziellen Kunden wissen, dass Ihr Bestell- und Bezahlsystem absolut sicher ist.

Versichern Sie ihnen, dass Sie alle Anstrengungen unternehmen, damit sie online auf der sicheren Seite sind.

Die User wollen sich online sicher fühlen. Sie wollen wissen, dass Sie sich um ihr Wohlbefinden kümmern.

Erzählen Sie ihnen einfach alles, was Sie für die Sicherheit Ihrer Kunden unternehmen.

Haben Sie immer Visitenkarten bei sich. Darauf sollte unbedingt auch Ihre Webadresse stehen.

Händigen Sie eine Karte an jeden aus, den Sie treffen. Denken Sie nur an all die Menschen, die Ihnen im Alltag begegnen:

im Supermarkt, auf dem Postamt, an der Tankstelle, Verwandte, Bekannte, Arbeitskollegen, Verkäufer usw.

Kontaktieren Sie Radiosender und fragen Sie an, ob sie Gastsprecher suchen.

Nennen Sie das Gebiet, auf dem Sie Experte sind, vielleicht werden Sie für einen Sendung gebucht.

Natürlich sollten Sie geeignete Sender und Programme ansprechen, die auch Interesse an Ihnen und Ihrem Fachwissen haben.

Schließen Sie sich Vereinigungen und Vereinen Ihres Geschäftsfeldes an.

Sie könnten Kundenadressen austauschen.

Sie könnten neue Wege kennen lernen, ein Geschäft zu führen und Sie könnten Ihre Produkte verkaufen.

Sie könnten auch Ihren eigenen Business Club gründen.

Sie könnten Private Chat-Rooms, Message Boards, Artikel usw. zur Verfügung stellen.

Denken Sie sich einen Domainnamen für Ihre Website aus, der leicht zu merken ist.

Er sollte in enger Beziehung stehen zu dem, was Sie anbieten oder verkaufen.

Falls keine Geschäftsnamen mehr frei sind, dann könnten Sie auch Ihren Nachnamen (mit) verwenden und mit Ihrem Business kombinieren.

Vermarkten Sie sich selbst.

Der eigene Name erzeugt Glaubwürdigkeit.

Positionieren Sie Ihre Website ganz oben bei Pay-per-Click Suchmaschinen (z.B. Google Adwords).

Sie zahlen nur die von Ihnen festgesetzte Summe an Klicks auf Ihre Website.

Stellen Sie aber sicher, dass Ihre Gewinne ausreichen, um die Anzeigenkosten zu decken.

Falls das nicht der Fall ist, könnten Sie Ihre Website vielleicht mit einem anderen ähnlichen Business teilen und die Kosten gemeinsam tragen.

Erlauben Sie Ihren Kunden, Ihren Traffic oder Ihre Sales zu erhöhen.

Dazu fragen Sie sie einfach, wie Sie Ihr Business, Ihre Website oder Ihr Produkt verbessern können.

Fragen Sie sie auf Ihrer Website direkt oder im Newsletter, Gästebuch, Chat Room, bei Warenauslieferung usw.

Schließen Sie sich mit anderen Newslettern zusammen, die die gleiche oder eine ähnliche Zielgruppe haben.

Legen Sie die Abonnentenlisten zusammen und geben Sie einen Newsletter, ein E-zine oder ähnliches gemeinsam heraus.

Beide Partner veröffentlichen darin ihre Anzeigen, Ankündigungen etc.

Der top Anzeigenplatz wird abwechselnd belegt.

Tauschen Sie Sponsor anzeigen mit anderen Websites.

Diese Anzeigen erzeugen normalerweise mehr Traffic und Sales als normale Anzeigen, die oft ignoriert werden, weil man täglich Hunderte sieht.

Sponsor anzeigen sehen meist nicht wie herkömmliche Anzeigen aus.

Sie sollten Teil Ihrer Arbeiten outsourcen, um Zeit und Geld zu sparen.

Dadurch können Sie mehr Zeit und Geld in die Bewerbung Ihres Geschäfts stecken.

Sie sparen Geld in Bezug auf Löhne und Gehälter, Raumkosten (Mieten), Trainingskosten usw.

Behalten Sie die Arbeiten, die Sie gerne tun, damit Sie selber motiviert bleiben, und geben Sie ab, was Sie nicht so mögen.

Fügen Sie eine so genannte Signatur in alle Emails ein, die Sie versenden. Diese sollte mindestens enthalten:

Firmenname, Webadresse, Telefonnummer.

Geben Sie auch eine kurze Info oder eine Motto über Ihr Geschäft oder das Produkt, das Sie verkaufen.

Zum Beispiel könnten Sie schreiben:

"Wie Sie Ihr Auto in 2 Minuten oder weniger waschen!"

Verwenden Sie Grafiken und Bilder auf Ihrer Website, die das Produkt unterstützen, das Sie verkaufen wollen.

So geben Sie Ihren Besuchern eine klarere Vorstellung von dem Produkt selbst, seinen Vorteilen, dem Gefühl, wenn man dieses Produkt besitzt usw.

Verwenden Sie möglichst auch "Vorher"- und "Nachher"-Bilder.

Bauen Sie mit allen Kunden eine freundschaftliche, lang anhaltende Beziehung auf.

Praktizieren Sie guten Kundendienst und kontaktieren Sie sie regelmäßig.

Dies kann durch Geschenke, Grüße, Coupons, Sonderangebote, Erinnerungen, Newsletter, hilfreiche Tipps usw. geschehen.

Knüpfen Sie strategische Allianzen mit anderen Websites.

Sie könnten Bannertausch machen.

Sie könnten gegenseitig die Produkte des anderen verkaufen, entweder als Einzelprodukt oder in Verbindung mit einem eigenen Produkt etc.

Sie könnten auch eine Website gemeinsam erstellen und sie auf der jeweils eigenen Website bewerben.

So würden Sie Kosten teilen und Gewinne steigern.

Erhöhen Sie den Wert Ihres Produktes, um Ihre Verkäufe in die Höhe schnellen zu lassen.

Fügen Sie beispielsweise kostenlose Boni, Gratis-Service für Kaufkunden, ein Partnerprogramm etc. hinzu.

Andere Faktoren, die auch verkaufsfördernd sind:

Ein eigener, aussagekräftiger Domainname, professionelles Webdesign, schöne Produktbilder, ein überzeugender Verkaufstext.

Gewähren Sie Ihren Kunden Preisnachlässe, um die Verkaufszahlen zu steigern.

Sie können einen Discount auf die Endsumme geben oder auf die Anzahl der Artikel.

Beispiel:

„Bei einem Einkaufwert von 39 Euro und mehr erhalten Sie 20% Rabatt!

Oder:

„Sie erhalten 15% Preisnachlass, wenn Sie 3 oder mehr Produkte kaufen!"

Erlauben Sie Ihren Besuchern, den Content auf Ihrer Website gratis zu verwenden.

Aber machen Sie es zur Bedingung, im Gegenzug einen Link zu Ihrer Seite zu setzen.

Auf diese Weise wird Ihr Content zu einer Traffic-Maschine, außerdem helfen externe Links, bei Suchmaschinen höher gelistet zu werden.

Veranstalten Sie auf Ihrer Website einen kostenlosen Wettbewerb oder ein Gratis-Gewinnspiel.

Es ist einfach eine Tatsache, dass die Leute gerne Dinge gewinnen.

Wenn Sie dieses Bedürfnis befriedigen können, werden Besucher kommen.

Indem Sie so etwas wöchentlich oder monatlich wiederholen, kommen sie auch wieder auf Ihre Website zurück.

Sie können ebenfalls eine Eintragungsmöglichkeit für Gewinnspiel-Teilnehmer anbieten, damit Sie sie regelmäßig kontaktieren können.

Sparen Sie Zeit und Geld, indem Sie Anzeigen-Eintragungsdienste nutzen.

Sie erreichen damit viel schneller einen größeren Teil Ihrer Zielgruppe als bei der eigenen manuellen Anzeigenaufgabe.

Nur bei großen, sehr populären Anzeigenmärkten sollten Sie die Anzeigen noch selbst von Hand schalten, weil Sie so eine größere Chance auf bessere Platzierungen haben.

Sorgen Sie für einen guten ersten Eindruck.

Sie werden nicht viele Artikel umsetzen, wenn sich Ihre Besucher denken, dass Ihre Website unprofessionell aussieht.

Verwenden Sie nur knackige Bilder, attraktive Farb-Kombinationen, eine lesbare Schriftgröße, gleiche Abstände, saubere Ränder, fette Überschriften, Zeileneinzug usw.

Schieben Sie nichts auf die lange Bank und führen Sie alle Aufgaben zu Ende. Machen Sie immer nur eine Aufgabe zur selben Zeit.

Verschwenden Sie keine Gedanken daran, dass Sie niemals alles geschafft bekommen.

Machen Sie das Einfachste oder das Wichtigste zuerst und arbeiten Sie dann die Liste nach unten ab.

Streichen Sie jede erledigte Arbeit durch.

Entwickeln Sie eine Beziehung zu allen Ihren Besuchern und Kunden.

Sagen Sie es Ihnen, dass Sie deren Besuch auf Ihrer Website oder deren Einkauf zu schätzen wissen.

Laden Sie sie zu Online- und Offline-Events ein wie etwa Chat-Rooms, Partys, Business Events usw.

Engagieren Sie einen Business Coach, der Ihnen hilft, Sie selbst und Ihr Geschäft zu verbessern.

Das wirkt sich durch besseren Umsatz, bessere Motivation, bessere Arbeitseinteilung etc. aus.

Es ist, wie wenn man ein Extra-Gehirn mietet. Sie verdoppeln quasi Ihre Denkkraft.

Werden Sie nicht zu bequem in Bezug auf Ihr Leben oder Einkommen.

Sie sollten sich immer wieder selber neue Ziele setzen und neue Verkaufsideen entwickeln.

Die Welt verändert sich dauernd, und wenn Sie zu lange pausieren, könnten Sie den Anschluss verpassen.

Sie leben nur einmal.

Stellen Sie sicher, dass Sie kein Workaholic werden.

Ihr Kopf braucht auch Auszeiten vom Geschäft.

Das hilft, dass Ihr Gehirn effizienter funktioniert, wenn Sie bei der Arbeit sind.

Die beste Zeit, auf profitable Ideen zu stoßen, ist, wenn Sie nicht daran denken!

Dann fliegen Sie Ihnen einfach zu.

Stellen Sie kurzfristige und langfristige Ziele für Ihr Business auf und folgen Sie Ihnen.

Die kurzfristigen Ziele erzeugen frühen Erfolg, während die langfristigen Ziele zukünftigen Erfolg kreieren.

Legen Sie alle Ziele so fest, dass sie auf Ihr großes Hauptziel hinauslaufen.

Ihre Ziele sollten nicht zu unrealistisch sein, weil sonst Frustration und Depression entsteht, die Sie von Ihren Zielen abhalten.

Suggestion Taktiken der Superlative

Wechseln Sie Ihre Anzeigen regelmäßig.

Ihre (potenziellen) Kunden langweilen sich sonst, immer das Gleiche zusehen.

Statistiken zeigen, dass Leute eine Anzeige durchschnittlich 7x sehen, bevor sie kaufen.

Ändern Sie sie also ausreichend oft, um Ermüdung zu vermeiden.

Wenn Sie z.B. werben mit:

„GRATIS Killer Marketing EBook!"

Dann könnten Sie es später variieren in:

„KOSTENLOSES heißes Marketing EBook!"

Verringern Sie die Möglichkeit negativer Mundpropaganda.

Sie gibt immer Kunden, die unzufrieden sind.

Besänftigen Sie sie so gut wie möglich.

Geben Sie Erstattung, einen Gutschein, einen Rabatt, ein Kompliment, ein Geschenk usw.

Bleiben Sie ruhig und höflich, auch wenn solche Kunden verärgert oder frustriert mit Ihrem Geschäft sind.

Setzen Sie den Interessenten eine Frist.

Sagen Sie, dass sie, wenn sie bis 15. September bestellen, einen Preisnachlass oder ein Geschenk bekommen.

Das erzeugt eine Dinglichkeit, so dass viele den Kauf nicht hinausschieben.

Beispiel:

„Bestellen Sie bis heute Abend 20.00 Uhr und Sie bekommen ein zweites Produkt Ihrer Wahl gratis dazu!"

Geben Sie den Käufern eine Geld-zurück-Garantie.

Je länger der Garantiezeitraum, desto effektiver:

30 Tage, 2 Monate, 1 Jahr, lebenslang...

Sie könnten auch anbieten, den Kaufbetrag doppelt oder dreifach zurückzuzahlen.

Oder Sie setzen einen bestimmten Betrag fest.

Sie könnten auch erlauben, das Produkt nach Rückerstattung des Geldes zu behalten – wenn Sie sich das leisten können.

Bieten Sie kostenlosen Reparaturservice zuhause beim Kunden an.

Das ist sehr bequem, denn der Kunde muss das Produkt nicht verpacken und versenden.

Und er muss außerdem weniger lange darauf verzichten.

Wenn das Produkt doch eingesandt werden muss, bieten Sie wenigstens Übernahme der Versandkosten an.

Drucken Sie Kundenbewertungen in Ihrem Verkaufstext mit ab.

Sie geben Ihrem Angebot mehr Glaubwürdigkeit.

Es ist wichtig, den vollen Namen der Person anzugeben, sowie den Wohnort.

Beispiel:

Jon Goodhart, Automechaniker, Würzburg.

Geben Sie den Kunden kostenlose Boni, wenn sie Ihr Produkt oder Ihren Service bestellen.

Das könnten Bücher, Ebooks, Schmuck, Newsletter und vieles andere sein.

Lassen Sie Ihre Gratiszugaben so wertvoll wie möglich erscheinen, indem den regulären Verkaufspreis nennen (einzeln oder in einer Gesamtsumme).

Oder setzen Sie eine Frist, wie lange Sie dieses Angebot aufrecht erhalten.

Geben Sie Kunden die Möglichkeit, Geld zu verdienen durch den Wiederverkauf Ihres Produktes.

Erwähnen Sie, dass sie an Ihrem Affiliate Programm teilnehmen können, falls sie bestellen.

Vergüten Sie pro Verkauf, pro Empfehlung oder pro Klick.

Versorgen Sie Ihre Partner mit getestetem Werbematerial, detaillierten Statistiken und Training.

Bieten Sie kostenlose 24-Stunden-Hilfe zu allen Produkten, die Sie verkaufen.

Erlauben Sie Kunden, Ihnen Fragen zu stellen per Email oder Telefon/Fax (möglichst gebührenfrei) etc.

Wenn Ihnen das nicht möglich ist, beantworten Sie die Fragen wenigstens kurzfristig innerhalb von 24 Stunden.

Lassen Sie sie bei Abwesenheit per automatischer Antwortmail wissen, dass Sie die Nachricht erhalten haben, und so bald wie möglich antworten werden.

Liefern Sie stets versandkostenfrei.

Wenn Sie sich das nicht leisten können, dann wenigstens ab einem bestimmten Bestellwert.

Wenn möglich, verschenken Sie Probeexemplare / Leseproben Ihres Produkts.

Sie gewinnen das Vertrauen von Verbrauchern, wenn Sie Ihnen erlauben, Ihr Produkt auszuprobieren.

Wenn sie es mögen, werden Sie auch kaufen.

Die Probe sollte nur einen Vorgeschmack des eigentlichen Produktes geben.

Beliebt sind "buy-one, get-one-free"-Angebote.

Wenn Sie mehr als ein Produkt verkaufen, funktioniert diese Methode großartig.

Verbraucher haben das Gefühl, dass sie mehr für ihr Geld bekommen und bestellen schneller.

Varianten sind:

'buy one, get one half', 'buy two, get the third one free', 'buy two, get a free watch', etc.

Erhöhen Sie die Zahl wiederkehrender Besucher, indem Sie einen kostenlosen Kurs auf Ihrer Website anbieten.

Am besten veröffentlichen Sie jede Woche eine neue Lektion.

Oder eine Lektion pro Woche im live Chat-Room.

Oder im Autoresponder.

Stellen Sie sicher, dass die Grafiken auf Ihrer Website vollständig laden.

Unvollständige Graphiken lassen Ihr Business unprofessionell erscheinen.

Das gilt auch für nicht öffnende Links oder langsam ladende Bilder.

Denken Sie daran:

Für User sind andere Websites nur ein paar Mausklicks entfernt!

Verwenden Sie auf Ihrer Website keine Animationen.

Sie lenken die Aufmerksamkeit von Ihrem Verkaufstext ab und machen die Seite nur langsamer.

Schreiben Sie die Nachricht einfach auf Ihre Website und herben Sie sie hervor durch Farbe, größere Schriftgröße usw.

Machen Sie den Text auf Ihrer Website interessant zum Lesen.

Das kann geschehen durch Verwendung von Begriffen, die das Gefühl ansprechen, durch beschreibende Eigenschaftswörter, farbliche Hervorhebung von Schlüsselwörtern, Ausrufezeichen usw.

Wenn Sie zum Ausdruck bringen können, wie begeistert und überzeugt Sie von Ihrem Produkt oder Service sind, überträgt sich das meist auch auf Ihre Kunden.

Sie könnten Ihre Besucher auch offline kontaktieren.

Wenn sie Ihnen offline Kontaktinformationen gegeben haben, könnten Sie sie nutzen für verkaufsneutrale Grußkarten, freundliche Anrufe, kleine Geschenke usw.

Damit bereiten Sie spätere Verkäufe vor, denn wenn Sie Verkaufsangebote machen, werden die Interessenten mehr empfänglich dafür sein.

Verwenden Sie Gästebücher, um Ihre Website zu verbessern.

Ihre Besucher hinterlassen gute und schlechte Kommentare.

Lesen und nutzen Sie sie für Verbesserungen.

So finden Sie wichtige Dinge heraus, etwa über die Navigation auf Ihrer Website, ob das Design professionell ist etc.

Überprüfen Sie regelmäßig das Ranking Ihrer Website in den Suchmaschinen.

Das kann manchmal wegen des harten Wettbewerbs schnell sinken.

Bleiben Sie immer informiert über neue Suchmaschinen-Strategien, indem Sie regelmäßig entsprechende Spezialseiten besuchen, Fach-Newsletter abonnieren, Ratgeber-Ebooks kaufen usw.

Lassen Sie den Preis für Ihr Produkt kleiner erscheinen, indem Sie ihn auf eine bestimmte Zeit bezogen umrechnen.

So könnten Sie Ratenzahlung anbieten.

Rechnen Sie den Preis auf Kosten pro Tag um:

„Das entspricht nur 33 Cent pro Tag!"

Wenn es sich um ein Informations Produkt handelt, könnten Sie den Kaufpreis durch die Anzahl der Kapitel oder Seiten dividieren.

Bewerben Sie Ihr Produkt schon im Content Ihrer Website.

Wenn Sie Fachartikel schreiben, flechten Sie geschickt eine Erwähnung Ihres Produktes oder Ihrer Dienstleistung mit ein.

Sie können auch in der Ressource Box am Ende des Artikels einen Hinweis unterbringen.

Aktualisieren Sie den Content auf Ihrer Website regelmäßig.

Fügen Sie neue Informationen hinzu und passen Sie die bestehenden an.

Die Leute wollen zeitgemäße Infos, die ihnen sagen, wie man etwas *jetzt* tut, nicht wie man etwas vor **10 Jahren gemacht hat.**

Das ist ein weiterer Grund, warum Sie sich selber immer weiterbilden müssen.

Bitten Sie jeden Besucher, sich für Ihren Newsletter einzutragen.

Es hat sich bewährt, mit der Eintragung ein Geschenk zu verbinden.

Newsletter-Abonnenten sind geneigter, Ihren Content und Ihre Angebote zu lesen, sich für Ihr Partnerprogramm anzumelden, Ihre Seite wieder zu besuchen usw.

Die Vorteile sind schier endlos.

Lassen Sie Ihre Besucher erst die Emailadresse angeben, bevor sie ein Gratis-EBook downloaden können.

Das Thema des Ebooks muss von großem Interesse für Ihre Zielgruppe sein.

Wenn das EBook als wertvoll und nützlich eingeschätzt wird, nehmen sich die Besucher auch die Zeit, sich einzutragen.

Verbinden Sie gleichzeitig damit die Erlaubnis, Ihren Newsletter zusenden zu dürfen.

Gewähren Sie Ihren Besuchern eine kostenfreie Mitgliedschaft auf Ihrer Members-Only-Website.

Voraussetzung ist, dass sie die Emailadresse preisgeben, damit Sie ihnen das Passwort zusenden können.

Geben Sie einen Newsletter heraus, der nur für Mitglieder ist.

So können Sie sie jederzeit und so oft Sie wollen nachbewerben und Ihre Website wieder besuchen lassen.

Halten Sie auf Ihrer Website Gewinnspiele oder Wettbewerbe ab.

Dazu müssen die Teilnehmer ihre Kontaktinformationen, zumindest ihre Emailadresse, angeben.

Lassen Sie sich gleichzeitig die Erlaubnis geben, neue Angebote zusenden zu dürfen.

Per Email geben Sie auch die Gewinner bekannt und können zu neuen Veranstaltungen einladen.

Bieten Sie Ihren Besuchern die Möglichkeit der kostenlosen Beratung per Email.

Über ein vorbereitetes Online Formular können sie Ihnen Fragen stellen.

Wenn Sie antworten, sollten Sie ein Produkt empfehlen, das zur Problemlösung beiträgt.

Wenn Sie kein entsprechendes eigenes Produkt haben, empfehlen Sie das eines Partnerprogramms, bei dem Sie sich eingetragen haben.

Kauft der Fragesteller dort, erhalten Sie eine Provision.

Führen Sie Abstimmungen und Umfragen über Ihre Website durch.

Bitten Sie Besucher, Ihnen per Email deren Wahl oder Meinung mitzuteilen.

Senden Sie ihnen daraufhin eine Email, in der Sie sich für die Teilnahme bedanken und auch ein Produkt erwähnen, dass Sie anbieten.

Bitten Sie sie auch, sich in Ihren Newsletter einzutragen, um das Umfrage-Ergebnis zu erfahren und laufend interessante Infos zu erhalten.

Bitten Sie Besucher, die eine Website haben, sich für eine Preisverleihung zu bewerben (bei der z.B. das Design bewertet wird).

Auch so erhalten Sie wieder die Emailadresse.

Mailen Sie dem Webmaster das Ergebnis zu, ob er etwas gewonnen hat oder nicht.

In der Email-Signatur erwähnen Sie wieder eines Ihrer Produkte.

Bitten Sie Ihre Website-Besucher, eine Umfrage auszufüllen.

Geben Sie jedem ein Geschenk dafür.

Das könnte ein interessantes EBook sein, in dem sich auch Ihre Anzeigen befinden.

Professionelle Überzeugungs Künste

Extreme Persuasion Strategies

Versehen Sie Ihr Produkt mit Nachdruck-/Reproduktions-Rechten.

Das erhöht den Wert, weil Käufer damit Geld verdienen und ein Geschäft starten können.

Sie sollten auch einige Ihrer Werbeangebote in oder an Ihrem Produkt platzieren.

Je mehr davon verkauft werden, desto öfter wird Ihre Werbung gesehen.

Machen Sie aus Ihrem Produkt eine richtige Marke.

Auch das erhöht in den Augen der Leute den Wert, weil sie glauben, dass Markenartikel von besserer Qualität sind.

Wenn Sie Ihr Produkt schnell mit einem Markennamen versehen wollen, dann tun Sie sich mit einem Anbieter zusammen, der bereits einen Namen hat und verwenden Sie seinen Namen und Ruf mit.

Bieten Sie dafür eine Gewinnbeteiligung an.

Nehmen Sie an Foren teil, die Bezug haben zu Ihrem Produkt.

Beginnen Sie eine Unterhaltung mit jemand, ohne Ihr Produkt zum Verkauf anzubieten.

Im weiteren Verlauf der Unterhaltung erwähnen Sie beiläufig Ihr Produkt.

Oft endet das damit, dass Sie wieder einen Verkauf erzielt, eine Freundschaft gewonnen und einen Joint Venture Partner gefunden haben.

Schreiben Sie ein EBook, in dem Ihre Werbung und Affiliate-Links enthalten sind.

Das Thema dieses Gratis-Ebooks sollte populär sein, so dass Ihr Zielpublikum es unbedingt downloaden möchte.

Melden Sie es auch bei EBook-Verzeichnissen an.

Je mehr Verbreitung Ihr EBook bekommt, desto mehr wird Ihre Eigenwerbung gesehen, desto mehr Verkäufe letztendlich.

Starten Sie Ihr eigenes Partnerprogramm-Verzeichnis.

Nehmen Sie an einer großen Zahl von Affiliate Programmen teil und listen Sie sie alle in einem Verzeichnis auf Ihrer Website.

Bewerben Sie nun dieses kostenlose Verzeichnis.

Sie werden Provisionen und Unterprovisionen von geworbenen Partnern verdienen.

Sie können auch einen Newsletter mit Partnerprogramm-Themen herausgeben.

Erstellen Sie Ihre eigenen Affiliateprogramm-Anzeigen.

Wenn Sie dieselben Anzeigen verwenden wie all die anderen Affiliates, ragen Sie aus Ihren Mitbewerbern nicht hervor.

Seien Sie anders, um sich einen Vorteil zu verschaffen.

Wenn Sie eigene Unterpartner haben, raten Sie ihnen, dasselbe zu tun.

Verwenden Sie Werbung mit Ihrer persönlichen Verbrauchermeinung.

Aber nur, wenn Sie das betreffende Partnerprogramm-Produkt auch selbst ausprobiert haben, damit Sie ehrlich berichten können.

Schreiben Sie, welche Vorteile das Produkt für Sie hatte und welche Resultate Sie damit erzielten.

Erwähnen Sie das Produkt, das Sie anbieten, auch in Ihrer Email-Signatur.

Verwenden Sie eine Aufmerksamkeit erzielende Schlagzeile und nennen Sie einen guten Grund, Ihre Affiliateseite zu besuchen.

Schreiben Sie nicht mehr als 5 Zeilen.

Erwähnen Sie auch Ihren Namen, den Namen Ihres Unternehmens und Kontaktmöglichkeiten.

Schließen Sie sich Social Networks an.

Das sind überaus populäre Portale wie Facebook, Twitter und viele andere, die Abermillionen Mitglieder haben.

Bauen Sie sich eine Gemeinde mit gleichgesinnten Freunden und Kunden auf.

Kaufen Sie sich Spezial-Ebooks, die Tipps und Tricks vermitteln, wie Sie Social Networking profitabel einsetzen können.

Nehmen Sie an Diskussionen im Web teil.

Posten Sie Ihre Kommentare, beantworten Sie Fragen anderer Teilnehmer und stellen Sie selbst Fragen.

Setzen Sie Ihren Affiliate-Textlink unter jede Nachricht, die Sie posten (falls erlaubt).

Wenn andere Ihren Beitrag lesen und ihn mögen, dann klicken sie auch auf den Link, um zu sehen, was Sie sonst zu bieten haben.

Geben Sie einen kostenlosen Newsletter heraus.

Benutzen Sie diesen Newsletter auch, um Ihre Affiliate-Programme zu bewerben.

Tragen Sie Ihren Newsletter in Newsletter-Verzeichnissen ein und bewerben Sie ihn auf Ihrer eigenen Website.

Tauschen Sie Newsletter-Anzeigen mit anderen Herausgebern.

Starten Sie eine private, nicht öffentliche Website.

Verwenden Sie den Zugang dazu als Bonus für Kunden, die eines Ihrer Produkte gekauft haben.

Bewerben Sie darin weitere Partnerprogramme.

Sie könnten darüber hinaus einen speziellen Insiderbereich kreieren, zu dem man nur gegen kostenpflichtiges Upgrade Zugang hat.

Versorgen Sie Ihre Besucher mit Content, den sie nirgendwo sonst lesen können.

Das lässt sie länger auf Ihrer Website verweilen.

Sie könnten Ihnen auch ermöglichen, im Archiv alte Newsletterausgaben zu lesen.

Sie könnten aber auch eine kleine Gebühr verlangen, denn den Content ist einmalig und nirgendwo sonst zu haben.

Weisen Sie Ihre Besucher darauf hin, dass sie Ihren Content ausdrucken können.

Während des Ausdruckens stöbern sie sicherlich weiter durch Ihre Website.

Sie lesen das Ausgedruckte zuhause, im Büro oder sonst wo und andere Leute könnten sich auch dafür interessieren, auch Ihre Website besuchen und Ihren Newsletter abonnieren.

Gewähren Sie Ihren Website-Besuchern ein Geschenk, wenn sie sich die Zeit nehmen, eine Umfrage auszufüllen.

Das verlängert ebenfalls wieder die Verweildauer und am Ende kaufen Sie vielleicht etwas.

Die Umfrage könnte wissen wollen, welche Art von Produkte sie wünschen, was sie über Ihren Service denken, wie ihnen Ihre Website gefällt usw.

Bieten Sie Ihren Besuchern gratis Software, die sie auf Ihrer Website runterladen können.

Während der Wartezeit lesen Sie wahrscheinlich Ihre Anzeigen und Angebote.

Wenn möglich, sollten Sie Ihre Werbung auch in der Software unterbringen, so dass die User Sie auf jeden Fall sehen, wenn sie das Programm öffnen.
All das hilft, mehr Verkäufe zu erzeugen.

Bieten Sie Ihren Besuchern ein riesiges Online-Verzeichnis an Informationen, das sie durchsuchen können.

Dieses Verzeichnis muss Informationen enthalten, die Ihre Besucher suchen und benötigen.

Es könnte bestehen aus:

Nachrichten, Fachartikeln, Interviews, Fallstudien, Umfrageergebnissen, Online-Audio, Online-Video, Ebooks, Reporten usw.

Stellen Sie sicher, dass Ihre Seiten schnell laden, damit die Besucher nicht genervt wegklicken.

Zeit ist wertvoll; keiner will sie verschwenden, nur weil die Seite lange braucht, sich aufzubauen.

Verwenden Sie nicht zu viele Bilder und Firlefanz, sonst gehen Ihre Anzeigen vielleicht unter.

Sagen Sie Ihren Besuchern gleich zu Anfang, was sie auf dieser Website erwartet.

Wenn die Leute nämlich etwas konfus sind, könnten sie zu früh wegklicken.

Erwähnen Sie die Vorteile, die Ihre Seite bietet, was man hier bekommt und machen kann, wie z.B:

Fachartikel gratis lesen, kostenlos Ebooks downloaden, den Gratis-Newsletter, Problemlösungen usw.

Ihre Website sollte unbedingt einen professionellen Eindruck machen.

Die User klicken ganz schnell weiter, wenn Sie Rechtschreib- und Grammatikfehler finden.

Auch mögen sie keine unvollständigen Grafiken und toten Links.

Stellen Sie sicher, dass die Hintergrundfarben das Lesen des Textes nicht erschweren.

Halten Sie zu besonderen Zeiten und an Feiertagen Sonderverkäufe ab.

Vor Weihnachten, Ostern, zu Halloween oder an Ihrem Geburtstag könnten z.B. alle Artikel zu halben Preis erhältlich sein.

Solche „Holiday"-Aktionen sind glaubhafte Gründe für Preisnachlässe.

Verwenden Sie Schlagzeilen und Überschriften überall in Ihrem Verkaufstext.

Diese fesseln die Aufmerksamkeit des Lesers.

Sie lassen ihn den Text und Ihre Website länger studieren.

Produzieren Sie auch einfache kleine Videos.

Sie erreichen mit Abstand die höchste Aufmerksamkeitsquote.

Viele Videos auf YouTube darf man auch auf seiner Website einbetten.

Bringen Sie bunte Bilder und farbenfrohe Schaubilder in Ihrem Verkaufstext unter.

Besonders Schaubilder mit verschiedenen Farben sind richtige Blickfänge.

Außerdem unterstützen Sie die Aussagen über Ihr Produkt bzw. Ihre Dienstleistung.

Sie sind auch leichter verständlich.

Heben Sie starke Kaufanreize besonders hervor.

Starke Kaufanreize sind z.B. Gratiszugaben, Geld-zurück-Garantien, Kundenzeugnisse, Sonderangebote, Rabatte usw.

Versehen Sie sie mit einer Umrandung, geben Sie ihnen einen anderen farblichen Hintergrund, gruppieren Sie Symbole oder Grafiken dazu usw.

Verwenden Sie kurze Sätze und Phrasen in Ihrem Werbetext.

Eine kleine Anzahl von Wörtern kann leichter mit einem Blick erfasst werden.

Wenn man erst lange Sätze oder ganze Abschnitte lesen muss, um die Botschaft zu verstehen, kann es gut sein, dass die Interessenten nicht von Ihnen kaufen.

Heben Sie im Verkaufstext sämtliche Schlüsselwörter und wichtigen Phrasen hervor.

Dazu stehen Ihnen viele Mittel zur Verfügung: Fettdruck, unterstreichen, unterschiedliche Farben, andere Schriftarten, Kursivdruck, Symbole u.v.a.m.

Bilder erregen Aufmerksamkeit. Darum sollten Sie im Kopf einer Anzeige platziert werden, aber auch sonst überall im Werbetext.

Eine beeindruckende Technik sind Vorher-Nachher-Bilder von Leuten, die Ihr Produkt verwendet haben.

Sie geben Ihrem Publikum eine deutlichere Vorstellung von dem, was Sie anbieten.

Und es hilft ihnen, für sich selbst die Vorzüge Ihres Produktes zu visualisieren.

Texten Sie eine Schlagzeile, die sofortige Aufmerksamkeit erregt.

Dazu stehen Ihnen viele Stilmittel zur Verfügung:

Fragen, Warnungen, Geschenke, Garantien, Nachrichten, Testimonials, statistische Zahlen, Vorteilsnennung usw.

Heben Sie die Keywords und Keyword Phrasen gegenüber dem normalen Text besonders hervor.

Diese Technik wirkt Wunder in Überschriften.

Die Interessenten sehen sie zuerst, weil es für das Auge leichter zu erfassen ist.

Sie könnten für Überschriften und Schlagzeilen eine andere Schriftart verwenden, als im eigentlichen Werbetext.

Listen Sie die Vorteile Ihres Produktes nicht nur tabellarisch auf, sondern stellen Sie zur besonderen Betonung vor jedem Punkt noch ein Symbol davor.

Dieses Symbol könnte ein dicker Punkt, ein Stern, ein Pluszeichen, ein Haken, ein Ausrufezeichen oder ähnliches sein.

Jeder einzelne Vorteil sollte wie eine Schlagzeile kurz und bündig geschrieben sein.

Methodische Kaufanreize

Machen Sie Websites mit hohem Besucheraufkommen das Angebot, Exklusiv-Artikel zu schreiben (die Sie nur dort veröffentlichen), wenn Sie im Gegenzug einen Backlink auf Ihre Seite erhalten.

Das Angebot könnten Sie auch Herausgebern von Newslettern machen, die sehr viele Leser haben.

Bei einem Exklusiv-Angebot werden Sie schneller veröffentlicht als sonst üblich.

Bauen Sie sich ein positives Online-Image auf.

Lassen Sie Ihre Besucher wissen, welche Projekte Sie mit gesponsert haben oder dass Sie einen Teil Ihres Gewinns sozialen Einrichtungen spenden.

Beispiel: "Wir spenden regelmäßig etwa 10 Prozent unseres Gewinns gemeinnützigen Einrichtungen und Hilfsorganisationen."

Verbessern Sie Ihren Kundendienst regelmäßig.

Probieren Sie neue Technologien aus, die es erleichtern, über das Internet mit Ihren Kunden zu kommunizieren.

Sie könnten zum Beispiel per Telefon, SMS, Social Networks, Foren, Video-Konferenzen, Email usw. kommunizieren.

Fragen Sie Ihre Kunden, was Sie zukünftig von Ihrem Geschäft erwarten.

Diese Informationen können Ihre Verkaufszahlen gewaltig steigern.

Sie könnten beispielsweise herausfinden, dass viele interessiert wären, Ihre Produkte auf DVD oder als Hörbücher zu kaufen.

Nun müssen Sie nur noch entsprechende Lieferanten finden und das Gewünschte produzieren.

Stellen Sie sicher, dass Ihr Webhoster Sie keine Verkäufe kostet.

Wenn Sie von jemand eine Email bekommen, der Sie informiert, dass er Ihre Website nicht besuchen konnte, dann könnte das vielleicht an Ihrem Host liegen.

Fragen Sie letzteren, welches Backup-System er verwendet, um sicherzustellen, dass Ihre Website immer erreichbar ist und Umsatz generieren kann.

Gestalten Sie den Aufenthalt auf Ihrer Website so angenehm wie möglich.

Das heißt: leichte Navigation, guter Content, schnell ladende Grafiken, Suchfunktion usw.

Sie könnten auch Onlinespiele anbieten, die einen Bezug zu Ihrem Website-Thema haben.

Sie könnten sogar Preise an die Spieler mit den höchsten Punktzahlen verteilen.

Wechseln Sie die Gratis-Zugaben auf Ihrer Website.

Wenn die Leute immer wieder dieselben Geschenke sehen, sagen sie sich nur „Kenn ich schon" oder „Hab ich schon".

Wenn Sie aber z.B. jeden Monat etwas Neues kostenlos abgeben, kommen die Leute auch regelmäßig zurück.

Fügen Sie Ihrer Website ein Verzeichnis bei.

Wenn Besucher ihre eigene Website eintragen, bestätigen Sie Ihnen per Email, dass deren Link hinzugefügt wurde und erinnern Sie sie, Ihre Seite wieder zu besuchen.

In dieser Bestätigungsmail könnten Sie ein Produkt erwähnen, dass Sie verkaufen.

Sie könnten auch eine Erinnerungsmail schicken, bevor die Eintragung abläuft (falls die Eintragungen zeitlich begrenzt sind).

Organisieren und planen Sie Ihre Marketing- und Werbeaktivitäten.

Erstellen Sie einen Tages-, Wochen- und Monatsplan und einen Plan für alle zukünftigen Aktionen.

Versuchen Sie, Ihrem Plan jeden Tag Schritt für Schritt zu folgen.

Damit werden Sie mehr systematisch und organisiert mit Ihrer Zeit und Arbeit umgehen.

Wenn etwas nicht funktioniert, sollten Sie nicht zögern, Anpassungen vorzunehmen.

Tauschen Sie nur Links mit Webseiten, die Sie und Ihre Zielgruppe besuchen würden.

Diesen sollten wertvollen Content bieten oder Kostenlosigkeiten.

Es ist kein Fehler, Ihre Website mit wegführenden Links zu füllen, solange sie interessant und nützlich für Ihre Zielgruppe sind.

Geben Sie kostenloses Online-Werkzeug ab.

Wenn Sie etwas anbieten, das ein Problem lösen kann, werden auf jeden Fall Besucher auf Ihre Seite kommen.

Sie können auch anderen erlauben, es zu verschenken, solange Ihre Werbeanzeige enthalten ist.

Das wäre ein sehr mächtiges virales Marketing Toll.

Bieten Sie ein kostenloses Partnerprogramm an.

Wenn Sie anderen Menschen eine gute Gelegenheit geben, Geld zu verdienen, werden Sie Schlange stehen, Ihre Website zu besuchen.

Zahlen Sie faire und hohe Provisionen, geben Sie Affiliate-Training und -Unterstützung, ein gutes Trackingsystem, getestete und erprobte Anzeigen und überzeugende Vergünstigungen.

Versorgen Sie Ihre Kundschaft auch mit neuen Nachrichten, die Bezug zu Ihrer Seite haben.

Die Leute wollen aktuelle Nachrichten zu dem Thema, das sie interessiert. Sie können auch "How to do"-Ratgeber anbieten.

Wenn es in den Nachrichten ein populäres Thema gibt, versuchen Sie es irgendwie in Bezug zu Ihrer Website zu bringen.

Offerieren Sie Ihren Besuchern kostenlos "Community".

Die Menschen mögen Plätze, wo sie sich mit anderen austauschen können und wo sie über ein bestimmtes Thema diskutieren können.

Sie können auch mehrere Online Communities kreieren.

Wenn Sie z.B. Gartengeräte verkaufen, könnten Sie ein Forum gründen, in dem Gärtnertipps behandelt werden, während in einem Chat-Room über die Anwendung von Gartenwerkzeugen diskutiert wird.

Geben Sie den Usern ein sicheres Gefühl, wenn Sie bestellen.

Erklären Sie ihnen, dass Sie deren Emailadresse nicht verkaufen und alle persönlichen Informationen vertraulich behandeln.

Veröffentlichen Sie auf Ihrer Website Ihre strengen Datenschutz-Richtlinien und erläutern Sie detailliert, wie sicher der Bestellvorgang ist.

Bieten Sie Proben bzw. Leseproben Ihrer Produkte.

Dadurch kommen Besucher auf Ihre Website und können Ihr Produkt näher kennen lernen.

Sie können auch anderen Marketern erlauben, Proben bzw. Leseproben Ihres Produktes zu verschenken.

Es wäre sozusagen ein viraler Vorverkauf.

Machen Sie Ihren Verkaufstext attraktiv.

Er sollte noch vor den Features die Vorteile auflisten.

Integrieren Sie Garantien und Kundenmeinungen.

Ihr Verkaufstext wie Ihre Anzeigen sollten leicht zu lesen sein, alle Fragen des Interessenten beantworten, verschiedene Bestell- bzw. Bezahlmöglichkeiten anbieten und – äußerst wichtig – dazu auffordern, jetzt und nicht später zu kaufen.

Veranlassen Sie Besucher, auf Ihre Seite wieder zurückzukommen.

Die meisten kaufen in der Regel nicht beim ersten Mal.

Aber je öfter sie Ihre Website wieder besuchen, desto größer wird die Chance, dass sie es schließlich tun.

Dies kann mit einem Newsletter geschehen, mit einem Autoresponder-Kurs, mit periodischen Aktionen und Events usw.

Lassen Sie die Interessenten mehr über die Geschichte Ihres Geschäfts erfahren.

Sie fühlen sich besser, wenn sie wissen, wer SIE sind, von dem sie kaufen.

Sie könnten Angaben machen, wann Sie Ihr Geschäft starteten, warum Sie gerade dieses Gebiet gewählt haben, welche Ausbildung Sie haben, wie viele Angestellte Sie haben und vieles mehr.

Geben Sie Kaufinteressenten verschiedene Bezahloptionen.

Akzeptieren Sie elektronische Bezahlsysteme, Kreditkarten, Schecks etc.
Seien Sie offen für neue Dienste Anbieter.

Sie könnten sehr populär werden und die Zukunft sein und die sollten Sie nicht verpassen.

Verwenden Sie Gegenteil-Psychologie in Ihren Banneranzeigen.

Dabei sagen Sie den Leser, NICHT auf die Anzeigen zu klicken.

Beispiel:

„Nicht klicken, wenn Sie mit Ihrem Aussehen zufrieden sind!"

Oder:

„STOP! Nicht klicken, es sei denn, Sie sind reich!"

Machen Sie Ihre Banneranzeigen so attraktiv wie möglich.

Benutzen Sie Wörter wie „super", „mächtig", „heiß", „neu" und so weiter Ihre Wortwahl sollte in Beziehung zu Ihrem Angebot stehen und es hervorheben.

Sie sollten auch spezielle Wendungen verwenden.

Beispiel:

„Klicken Sie hier, um Ihren Traffic um 120% zu steigern!"

Machen Sie schon in der Banneranzeige ein Rabatt-Angebot.

Die Menschen suchen immer nach Schnäppchen.

Sie können einen Rabatt in Prozenten oder in Euro ausdrücken, einen Buy-one-get-one Discount usw.

Beispiel:

"50% Preisnachlass für unser neues Viral Marketing EBook! Klicken Sie hier!"

Arbeiten Sie mit Testimonials in Ihren Bannern.

Kundenaussagen geben das Gefühl, dass man seine Zeit nicht verschwendet, wenn man auf den Banner klickt.

Die Aussage sollte genug Info enthalten, dass man das Angebot versteht.

Sie können Leser aber auch neugierig machen, so dass sie das Testimonial lesen wollen.

Beispiel:

"Erfahren Sie, was (BEKANNTE PERSON) über unser Marketing EBook sagt!"

Sie können Ihren potenziellen Kunden auch eine Ratenzahlung anbieten.

Sagen Sie, dass man Ihr Produkt oder Ihre Dienstleistung auch in Monatsraten zahlen kann.

Beispiel:

„Sie können unser Produkt in 3 bequemen Monatsraten à XX Euro bezahlen!"

Eine andere Idee wäre, eine der Raten später in Ihrem Verkaufstext zu streichen.

Verwenden Sie eine starke Garantie in Ihrer Banneranzeige.

Sie könnten diese Garantie auch in die Schlagzeile Ihres Angebotes integrieren, wie z.B.:

‚verdoppeln oder verdreifachen Sie Ihre Geld-zurück-Garantie',

‚Ihre lebenslange Geld-zurück-Garantie' usw.

Noch ein Beispiel:

„Behalten Sie unser EBook, auch wenn Sie Ihr Geld zurück haben wollen!"

Sagen Sie ausdrücklich, dann man auf Ihren Banner klicken soll.

Neulinge im Internet wissen vielleicht noch nicht, dass man auf Banner klicken kann.

Einfaches „Hier klicken" erhöht auch generell nachweislich die Klickrate.

Sie können die Aufforderung wie folgt noch verstärken:

"Klicken Sie jetzt HIER!"

oder:

„Klicken Sie hier, bevor es zu spät ist!"

Sie können auch mit einer Probe oder Leseprobe werben.

Das signalisiert Lesern, dass es ohne Risiko und Verpflichtung ist, wenn sie auf den Banner klicken und Ihr Produkt oder Ihren Service testen.

Beispiele:

"GRATIS ein Kapitel aus dem EBook…!"

Oder:

"Kostenlose Probemitgliedschaft…!"

Teilen Sie den Leuten schon in der Banneranzeige den Hauptvorteil Ihres Produktes mit.

Das könnten Dinge sein wie

'Geld verdienen',

'Geld sparen',

'abnehmen',

'Zeit gewinnen'

u.v.a.m.

Beispiel:

"Nehmen Sie 20 Pfund in einem Monat ab!"

Oder: „Machen Sie 200 Euro täglich!"

Sie könnten in der Banneranzeige etwas Kostenloses anpreisen.

Das Geschenk sollte Bezug zu Ihrer Zielgruppe haben.

Die Menschen lieben einfach Geschenke.

Wenn es attraktiv ist, klicken diese auch auf Ihren Banner.

Beispiel:

„Gratis Geldverdienst-Newsletter!"

Oder:

„Gratis-Ebook mit Gartentipps!"

"7-teiliger Investment-Kurs!"

Die richtig smarten Profit-Einsichten

Halten Sie Besucher so lange wie möglich auf Ihrer Website.

Erlauben Sie Ihnen, Gratis-Ebooks runterzuladen, an Wettbewerben teilzunehmen, kostenlos Online-Services zu nutzen etc.

All das hilft, Ihre Verkaufszahlen zu steigern.

Sie könnten auch Pop-up-Fenster, Pop-under-Fenster und Exit-Popups verwenden.

Allerdings sollten Sie wissen, dass diese manchen Besucher auch nerven.

Ahnen Sie voraus, was Besucher nicht an Ihrem Produktangebot gefallen könnte.

Sie müssen herausfinden, was Ihre Zielgruppe braucht und mag und was nicht.

Zum Beispiel könnte sie kein Business mögen, das auf kostenlosen Website Domains untergebracht ist.

Oder sie könnten nicht auf einer Website kaufen wollen, die keine Schecks akzeptiert.

Stellen Sie in Ihren Verkaufstexten keine unglaubwürdigen Behauptungen auf.

Die Leute sind nicht dumm und glauben Ihnen nicht alles.

Mit Aussagen wie:

"Sie können 1 Million Euro in 2 Tagen verdienen"

Oder:

„Sie können mit Prospekte falzen zuhause 2000 Euro am Tag machen!" tun Sie sich selbst keinen Gefallen.

Wählen Sie für Ihr Geschäft und Produkt einen guten Namen.

Diese Namen sollten leicht zu merken sein und das Produkt beschreiben, das Sie anbieten.

Namen, die sich reimen, behält man besonders leicht im Gedächtnis.

Wenn Sie Informations Produkte anbieten, können Sie Verlag oder Publisher im Geschäftsnamen verwenden.

Verwenden Sie keine beleidigenden Worte und Phrasen.

Reagieren Sie auf Kundenbeschwerden schnell und freundlich.

Je schneller Sie reagieren, desto mehr hat Ihr Kunde das Gefühl, dass Sie sich um ihn kümmern.

Sie könnten eine praktische FAQ (Liste mit häufig gestellten Fragen) erstellen.

Sie könnten auch mehrere Kontaktmöglichkeiten einrichten, also nicht nur Email, sondern auch Telefon, Fax, SMS, Skype usw.

Denken Sie nie, Ihre Kunden sind mit dem Kauf allein zufrieden.

Sie sollten ständig nach Wegen suchen, Ihr Produkt bzw. Ihre Dienstleistung zu verbessern.

Sie könnten kostenlose Überraschungsgeschenke machen, Kundenumfragen durchführen usw.

Nehmen Sie Meinungen und Fragen ernst und nutzen Sie sie, um Ihr Produkt zu verbessern.

Vermarkten Sie sich selbst ebenso gut wie Ihr Produkt.

Sie könnten Artikel und Ebooks schreiben, Gratis-Beratungen durchführen, Vorträge halten usw.

Sie sollten Ihren Kunden auch ein bisschen über sich erzählen:

Wann Sie geboren sind, wo Sie aufwuchsen, Ihren beruflichen Werdegang, Hobbys etc.

Finden Sie neue Zielgruppen für Ihre Produkte oder Services.

Wenn Sie zum Beispiel Kaffee an Läden verkaufen, sollten Sie es auch bei Coffee Shops versuchen.

Sie sollten ständig neue Gewinnströme für Ihr Business öffnen.

Machen Sie einmal die Woche ein Profit-Brainstorming.

Statt „kaufen" verwenden Sie besser den Ausdruck "investieren Sie in unser Produkt XY".

Das gibt Kunden das Gefühl, dass sie in ihre Zukunft investieren, als dass sie nur etwas kaufen.

Die könnten auch berichten, wie sehr andere Kunden durch Ihr Produkt Geld verdienen, Geld sparen oder sonst wie profitieren, indem Sie Dankschreiben und Kundenmeinungen veröffentlichen.

Gewinnen Sie auch Partner, die Ihr Produkt offline vertreiben.

Über Ihre Website tragen sich Leute in Ihr Partnerprogramm ein, die Ihre Produkte dann auf Partys zuhause anbieten.

Diese Patner bringen ihr Laptop auf die Party und verkaufen über ihre/n Affiliatelink/s.

Bezahlt werden sie genau so, wie wenn sie online verkauft hätten.

Verwenden Sie Logos und Slogans für Ihr Business.

Sie machen es den Menschen leichter, sich zu erinnern und Ihr Geschäft zu identifizieren.

Wie oft hatten Sie selbst schon ein Problem und das erste, was Ihnen dazu in den Sinn kam, war ein dazu passender Slogan oder ein Logo.

Das ist beinahe eine automatische Reaktion.

Verwenden Sie das Wort "schnell" in Ihrer Werbung.

Die Käufer wollen schnell bestellen, schnelle Lieferung, schnelle Resultate, schnell reich, schnell schön, schnell gesund usw. werden.

Heutzutage messen wir unserer Zeit mehr Wert bei als unserem Geld.

Sie könnten z.B. sagen:

„Unser Produkt wirkt schnell!"

Oder:

„Wir liefern besonders schnell!"

Verwenden Sie das Wort "Garantie" in Ihrer Werbung.

Die Käufer wollen versichert sein, dass sie ihr schwer verdientes Geld nicht riskieren, indem sie Ihr Produkt kaufen.

Beispiel:

"Wir gewähren 90 Tage Geld zurück Garantie!"

Oder:

"Wohlgemerkt: Unser Produkt hat eine lebenslange Garantie!"

Verwenden Sie das Wort "begrenzt" in Ihrer Werbung.

Menschen mögen gerne Dinge, die exklusiv oder selten sind, denn sie werden als wertvoller betrachtet. Auch will man aus der Masse herausstechen und sich unterscheiden.

Sie könnten beispielsweise argumentieren:

"Diese Special Edition ist begrenzt auf die ersten 500 Besteller!"

Oder:

"Bestellen Sie vor dem (DATUM), um diese Sonderausgabe des Ebooks zu bekommen!"

Verwenden Sie das Wort "leicht/einfach" in Ihrer Werbung.

Die Käufer wollen einfache Bestellung, einfache Zahlung, einfache Anwendung usw.

Beispiel:

„Es ist der einfachste Weg, Gewicht zu verlieren!"

Oder:

„Sie können ganz einfach bestellen.

Klicken Sie hier!"

Verwenden Sie das Wort "Kundenmeinung" in Ihrer Werbung.

Die Käufer wollen glaubhafte Nachweise, bevor Sie Ihr Produkt erwerben.

Es sollten ehrliche und bestimmte Belege sein.

Zum Beispiel könnten Sie sagen:

"Hier können Sie Hunderte Dankschreiben prüfen."

Oder:

„All diese Kundenmeinungen sind uns unaufgefordert zugesandt worden!"

Verwenden Sie die Worte "Rabatt/Sonderangebot" in Ihrer Werbung.

Die Käufer wollen Schnäppchen finden.

Das können prozentuale Rabatte sein, einmalige Sonderangebote, Gratiszugaben usw.

Beispiel:

"Sie erhalten 50% Rabatt, wenn Sie vor dem (DATUM) bestellen!"

Oder:

„Bestellen Sie jetzt, bevor das Sonderangebot XY endet!"

Verwenden Sie das Wort "gratis" in Ihrer Werbung.

Die Käufer wollen gratis Zugaben, bevor Sie mit Ihnen Geschäfte machen.

Das können kostenlose Ebooks sein, oder Dienstleistungen, Accessoires usw.
Beispiel:

"Lieferung versandkostenfrei bei einem Bestellwert ab XX Euro!"

Oder:

"Bei Bestellung innerhalb der nächsten 5 Minuten erhalten Sie 3 Boni gratis!"

Verwenden Sie das Wort "Sie/Ihr" in Ihrer Werbung.

Die Käufer wollen persönlich angesprochen werden.

Dadurch fühlen sie sich bedeutender und ernst genommen.

Und das macht sie eher geneigt, den ganzen Werbetext zu lesen.

Verwenden Sie niemals das unpersönliche „man".

Beispiel:

„Sie könnten der nächste Gewinner in unserem Gewinnspiel sein!"

Oder:

"Sie können fast schon die Vorteile spüren, nicht wahr!"

Verwenden Sie das Wort "wichtig" in Ihrer Werbung.

Die Käufer wollen nicht wichtige Informationen verpassen, die ihr Leben beeinflussen könnten.

"Wichtig"

Lässt Sie innehalten und Notiz nehmen.

Beispielsweise könnte Ihre Überschrift/Schlagzeile lauten:

"Wichtiger Hinweis!..."

Oder:

„Achtung wichtig!..."

Verwenden Sie das Wort "NEU" in Ihrer Werbung

Die Käufer wollen neue Produkte und Dienstleistungen, die ihr Leben verbessern wie neue Infos, neuen Geschmack, neue Technologie, neue Resultate usw.

Beispiel:

„Lernen Sie einen neuen, revolutionären Weg kennen, Gewicht zu verlieren!"

Oder:

„NEU! Gerade veröffentlicht..."

Zeigen Sie Ihren potenziellen Kunden, wie viel Begeisterung Sie selber für Ihr Geschäft und Produkt haben.

Wenn Sie überzeugend sind, werden die Kunden auch begeistert sein.

Beispiel:

"Ich bin selbst ganz begeistert über unser neues Produkt!"

Oder:

„Ich kann kaum erwarten, dass Sie auch die Vorteile genießen!"

Beenden Sie Ihren Verkaufsbrief oder Werbetext mit einem starken Schluss.

Das könnte ein kostenloser Bonus sein, ein Discountpreis, eine Vorteilserinnerung, ein zeitlich begrenztes Angebot usw.

Beispiel:

"P.S. Denken Sie daran, dass Sie 5 Boni im Wert von 234 Euro erhalten!"

Oder:

„Wenn Sie heute bestellen, gibt's 45% Rabatt!"

Stellen Sie reklamierende Kunden zufrieden.

Sie können ihr Geld zurückerstatten, Nachlass gewähren, ein Geschenk geben, das Problem schnell lösen usw.

Zum Beispiel könnten Sie sagen:

"Ich kann verstehen, wie Sie sich fühlen, daher gebe ich Ihnen Ihr Geld zurück."

Oder:

"Ich war selbst mal in Ihrer Lage.

Für Ihren nächsten Einkauf gebe ich Ihnen 50% Rabatt."

Begeistern Sie Ihre Kunden für Ihr Geschäft und sie erzählen es ihren Freunden weiter.

Sie könnten Ihnen einen Reisegutschein geben (diese gibt es gratis von einschlägigen Agenturen).

Anderes Beispiel:

„Hier erhalten Sie einen Gutschein im Wert von XXX Euro für unseren nächsten Event."

Schenken Sie Ihren Kunden besonderes Vertrauen, so dass sie bestellen.

Verwenden Sie Bestätigungen, Garantien, Kundenzeugnisse und ähnliches.

Sie könnten z.B. so schreiben:

„Ich erlaube Ihnen, unser Produkt volle 60 Tage auszuprobieren, bevor ich Ihre Kreditkarte belaste."

Bauen Sie sich eine Emailadressliste auf, indem Sie Interessenten sich gratis eintragen lassen für Newsletter, Ebooks, Software, Gewinnspiele usw.

Beispiel:

„Wenn Sie sich in unseren kostenlosen Newsletter eintragen, nehmen Sie auch gratis an unserem wöchentlichen Gewinnspiel teil!"

Oder:

"Fordern Sie unseren Gratis-Newsletter an und erhalten Sie 10 Überraschungs-Boni!"

Gönnen Sie Ihren Interessenten und Kunden sozusagen "frische Luft".

Das heißt, scheuen Sie sich nicht, Ihre Website oder Verkaufstexte so zu gestalten, dass sie sich deutlich von anderen unterscheidet.

Fallen Sie auf!

Erhöhen Sie die Aufmerksamkeit!

Ermöglichen Sie es Ihren Kunden, sofort nach der Bestellung Nutzen zu ziehen.

Wenn Sie das Produkt mit der Post versenden müssen, machen einen Bonus sofort online zugänglich.

Wenn Sie z.B. ein Taschenbuch verschicken, könnten Sie eine EBook-Version sofort online zum Lesen zur Verfügung stellen.

Schreiben Sie Artikel und reichen Sie sie bei Newsletter-Herausgebern oder Webmastern ein.

Damit sie veröffentlicht werden, sollten sie sich nicht wie Verkaufstexte, sondern wie Fachartikel lesen.

Sie könnten dem Herausgeber Geschenke anbieten wie Gratisartikel, Provisionen, Original-Content usw.

Ich hoffe Sie können mit den tiefen eindrücken Ihr online Business auf den Nächsten Level anheben, und endlich den Profit einfahren den Sie sich schon immer gewünscht haben.

Wenn Sie wollen!

Funktioniert das wirklich!

Die Anleitung dazu, halten Sie ja, in Ihren Händen.

Viel Erfolg!

www.ingramcontent.com/pod-product-compliance
Lightning Source LLC
Chambersburg PA
CBHW020608220526
45463CB00006B/2497